Dieter Funke

Das Ungewisse und der innere Raum

Forum Psychosozial

Dieter Funke

Das Ungewisse und der innere Raum

Eine religionspsychologische Annäherung

Psychosozial-Verlag

Bibliografische Information der Deutschen Nationalbibliothek
Die Deutsche Nationalbibliothek verzeichnet diese Publikation
in der Deutschen Nationalbibliografie; detaillierte bibliografische Daten
sind im Internet über http://dnb.d-nb.de abrufbar.

Originalausgabe
© 2021 Psychosozial-Verlag, Gießen
E-Mail: info@psychosozial-verlag.de
www.psychosozial-verlag.de
Umschlagabbildung: Ohne Titel © Renate M. Paus
Umschlaggestaltung & Innenlayout nach Entwürfen
von Hanspeter Ludwig, Wetzlar
Satz: metiTec-Software, me-ti GmbH, Berlin
www.me-ti.de
ISBN 978-3-8379-3115-0 (Print)
ISBN 978-3-8379-7803-2 (E-Book-PDF)

Inhalt

Vorwort

Die Corona-Pandemie war für mich wie für die meisten Menschen eine Zeit extremer Ungewissheiten. Ein Weg, damit zu leben, bestand in persönlichen und familiären Beziehungen, aber auch in Beziehungen zu den größeren, übergeordneten Fragen nach dem Sinn des Ganzen. Das Nachdenken über die seelischen Hintergründe dieses Zustands der Ungewissheit half mir dabei, eine gewisse Sicherheit (wieder-)zuerlangen, die durch die zunehmenden Ungewissheiten infrage gestellt worden war.

Ich habe für meine Gedanken und Erkundigungen dieses menschlichen Zustands die Form des Essays gewählt. Damit verzichte ich auf den Anspruch, etwas Umfassendes und Systematisches vorzulegen. Stattdessen erlaubt mir diese Form, persönliche und subjektive Erfahrungen und Sichtweisen einzubringen. Dennoch habe ich versucht, die mir wichtigsten Bezugsautoren[1] zu nennen, ohne jeden Anspruch auf eine wissenschaftliche Vollständigkeit.

Mein Ansatz ist ein psychoanalytisch-spiritueller und verweist auf jene Doppelperspektive, mit der ich mich dem Phänomen des Ungewissen annähere. Der innere Raum als sicherer Schutzort vor dem Ungewissen wird zunächst in seiner psychoanalytischen Konstruktion vorgestellt, dann geht es aber auch um die transpersonalen Aspekte, die über das Psychologische hinausgehen und eine Verbindung zum umgreifenden Ganzen ermögli-

---

[1] Ich verwende in diesem Essay keine Genderformen wie Gendergap oder- sternchen, weil diese nach meinem Empfinden das Textbild und den Lesefluss beeinträchtigen. Stattdessen wähle ich einmal die männliche, dann die weibliche Form. Beide schließen das jeweils andere Geschlecht mit ein.

chen. Naturgemäß führt die Beschäftigung mit dem Ungewissen auch zu Fragen nach Tod und Sterben. Einige Grundgedanken zu diesem Thema, die ich schon vor der Pandemie in einer Arbeit behandelte, finden sich in diesem Text wieder. Der Essay schließt mit der Erzählung von Theseus und Ariadne, die das vielleicht Wichtigste vor Augen führt, was wir brauchen, um Ungewissheiten zu bewältigen: Verbindungen!

Meine Frau und Kollegin Renate M. Paus hat nicht nur das Umschlagbild gemalt, sondern auch die Arbeit am Text kritisch und unterstützend begleitet. Für diese Art der Verbindung bin ich ihr besonders dankbar.

Besondere Erwähnung verdient Frau Jessica Vogt vom Psychosozial-Verlag für ihre engagierte, sprachsensible und fachkundige Lektorierung des Textes. Dafür gilt ihr meine Anerkennung und mein Dank.

Düsseldorf, im Januar 2021

1 Das Ungewisse: Annäherung an ein aktuelles Lebensgefühl

Die monatelange Ausnahmesituation aufgrund der Corona-Pandemie hat den inneren Scheinwerfer auf die Techniken und Maßnahmen gelenkt, mit denen die Infektionszahlen herunterzudrücken sind. Es ging nur noch um Hygienemaßnahmen, Lockdown, Impfstoff oder um extremistische Gegenpositionen wie die Leugnung des Virus, Verschwörungstheorien oder, wie im religiösen Fall, um die Deutung des Virus als eine Strafe Gottes. Es wäre aber eine Chance verpasst, wenn diese globale Krise nicht auch als Hinweis begriffen würde, sich mit etwas zu beschäftigen, was sonst eher in den Hintergrund gedrängt wird und was das Virus ans Licht gebracht hat: das Ungewisse. Die Auseinandersetzung damit würde weit über die gesundheitlichen Schutzmaßnahmen hinaus eine heilsame Wirkung entfalten; sie würde unser Menschsein bereichern. Denn hinter der Angst vor dem Virus, seinen Mutationen und Folgen, verbirgt sich eine Grundfrage des Menschseins: Wie lässt sich mit dem Ungewissen, Unwägbaren und Schicksalhaften umgehen.

In »normalen« Zeiten funktionieren lediglich unsere Abwehrfunktionen besser, mit denen wir diese Angst von unserem bewussten Erleben fernhalten. Der erste Schritt in Richtung Zulassen von Ungewissheit beginnt in dem Moment, in dem wir uns vorstellen, wie sich unser Leben durch eine persönliche Katastrophe wie Krankheit, Tod, Verlust von Arbeitsstelle oder wirtschaftlicher Basis oder gar eines vertrauten Menschen ändern könnte. Wenn es uns dann tatsächlich trifft, ist die Angst vor dem Ungewissen kaum noch zu verdrängen. Die Moderne und Postmoderne hat wenig hilfreiche Methoden entwickelt, mit dieser Angst umzugehen. Der Wahn der Machbarkeit gepaart mit Wissenschafts- und Technikgläubigkeit kennzeichnet die Moderne und förderte den Irrglauben, alles sei in den Griff zu bekommen und für alles gebe es Lösungen. Die Pandemie, aber auch die Klimakrise und andere Schreckensszenarien setzen heute dem Glauben an die Machbarkeit des Lebens empfindliche Grenzen. Diese Grenzerfahrung bietet unserer Kultur und Gesellschaft eine Chance, weil sie uns hilft, eine unliebsame Seite unseres Menschseins zu erleben, nämlich das Ungewisse, Fragile und Begrenzte des Lebens. Sich damit auseinanderzusetzen stärkt letztlich den Einzelnen und macht ihn weniger empfänglich für Depression, Gewalt oder extremistische Positionen.

Ungewiss ist auch, wie die Pandemie in die Gedächtnisgeschichte der Menschheit eingeht: ob als Zeit der Hoffnung und der Solidarität, als Erneuerung des Wertebewusstseins oder als Zeit der Verzweiflung und des Zerfalls von Errungenschaften der Zivilisation. Mancher Gewinn an innerer Bewusstheit zeigt sich auch angesichts der coronabedingten Einschränkungen und des Mangels an Ablenkungsmöglichkeiten, die unserem Ich schmerzhaft zusetzen: Viele häusliche Lebensvollzüge werden intensiver und bewusster erlebt, verborgene Beziehungskonflikte treten deutlicher zutage und werden so einer Bearbeitung zugänglich. Tätigkeiten in der Küche, im Haushalt, in der Wohnung und im Haus lenken die Aufmerksamkeit auf das eigene Selbst, weil diese Arbeiten so einfach sind und nicht unter dem Diktat von Leistung und Verdienst stehen. Viele von uns werden sich durch die Einschränkung ihrer sozialen Kontakte ihres eigenen Selbst bewusster und erleben diese Hinwendung zu sich selbst nicht nur als Mangel, sondern auch als Gewinn. Indem wir weniger von uns selbst und den alltäglichen Lebensvollzügen abgelenkt werden, entsteht bei einigen von uns eine größere Bewusstheit für die eigene Sterblichkeit. In Auseinandersetzung mit diesem Thema stehen wir in den großen Traditionen der Menschheit, mit der Todesgewissheit umzugehen.

Ich möchte mich diesen Ungewissheiten von der subjektiven Seite her nähern, zunächst von einem psychotherapeutisch-psychoanalytischen und dann in einem zweiten Schritt von einem spirituellen Standpunkt aus. Naturgemäß steht hierbei die individuelle Bewältigungsstrategie der Ungewissheit im Vordergrund, also die Frage, wie einzelne Menschen psychisch auf die aktuelle gesellschaftliche Situation mit ihren Bedrohungsszenarien reagieren, auf welche inneren Ressourcen sie zurückgreifen können. Dabei spielt der »innere Raum« als Schutz vor Ängsten und Ungewissheiten eine große Rolle, und während meiner Beschäftigung mit ihm fiel mir auf, dass sich die psychoanalytisch erzählte Werdegeschichte unseres inneren Raumes wie eine Geschichte der Bewältigung von Ungewissheiten lesen lässt. Deshalb werde ich im psychoanalytischen Teil die Entstehung und den Aufbau unseres inneren Ortes unter dem Gesichtspunkt der Bewältigung von Ungewissheiten betrachten, denen das Neugeborene, der Säugling und das Kleinkind zu Beginn ihres Lebens ausgesetzt sind.

Der innere Raum lässt sich auch in einem das Psychologische übersteigenden Sinn verstehen. Hier kommt eine transpersonale Perspektive ins Spiel. Es wird zu fragen sein, welchen Beitrag eine spirituelle Sicht auf das Ungewisse im Umgang mit den Unwägbarkeiten menschlicher Existenz leistet. Dabei geht es auch um die Frage der eigenen Sterblichkeit und die Bedeutung des Todes für unser Leben. Nähern wir uns aber zunächst, gleichsam von außen, dem Thema.

Was ist das Ungewisse? Versuchen wir eine begriffslogische Annäherung. Das Wort Ungewiss ist zunächst negativ konnotiert, es bezieht sich auf etwas (vermeintlich) Gewisses. Inhaltlich ist dieser Begriff vage und unbestimmt. Es gibt keine objektiven und allgemeingültigen Kriterien für das, was wir als Ungewisses bezeichnen. Deswegen ist seine inhaltliche Ausdehnung beinahe unendlich: Er bezieht sich formal auf das, was nicht gewiss ist – und damit auf fast alles. Das Ungewisse ist also ein sehr »ungewisser« Begriff, weil er scheinbar alles einschließt, was nicht gewiss ist. Aber auch das stimmt nicht ganz, denn ungewiss kann auch das Gewisse sein, wie zum Beispiel der Tod, das einzig Gewisse im Leben, und der wird oftmals als die bedrohlichste Ungewissheit erlebt. In diesem Fall steht das Ungewisse also in Verbindung mit den Ängsten, die mit Blick auf den Verlust des eigenen Lebens oder geliebter anderer Menschen ausgelöst werden. Also umfasst es auch das, was gewiss ist, aber Ängste erzeugt – also ein Gefühl, ein emotionaler Zustand oder bestimmter Gedanke, hervorgerufen durch die Beschäftigung mit Tod, Krankheit und Verlust.

Der Blick auf einen ähnlichen Begriff, den des Unbewussten, hilft weiter: Obwohl als Substantiv formuliert bezieht sich der Begriff auf eine bestimmte Tätigkeit unseres Seelenlebens, nämlich auf die Bewusstwerdung, dass etwas in uns unbewusst und unser Bewusstsein damit nicht die einzige Realität unseres seelisch-mentalen Lebens ist. Die Frucht dieser begrenzenden Einsicht ist eine erhöhte Sensibilität für das Unbewusste, die sich in Träumen, Kunst, Kultur, Wissenschaft und Religion ausdrückt. Bezogen auf das Ungewisse können wir sagen, es weist auf unsere kognitiven und emotionalen Versuche hin, uns Gewissheit zu verschaffen und uns so vor katastrophischen Angstüberflutungen angesichts des Ungewissen zu schützen. Das Ungewisse bezieht sich in diesem Sinne also weniger auf Tatsachen, sondern auf Zustände, Prozesse, Veränderungen. Bei einer Krankheit kann zum Beispiel die Diagnose gewiss sein, aber der Weg und Verlauf, den diese Krankheit nimmt, kann ebenso ungewiss sein wie die Art und Weise, wie Betroffene mit ihrer Erkrankung umgehen. Um diese innere Arbeit, die Reduzierung von Ungewissheit, geht es in diesem Buch.

Ungewissheit macht den Menschen aus

Hinter der Arbeit der Reduktion von Ungewissheit steht aber zunächst die Überzeugung, der Mensch sei ein »animal insecrum«, ein unsicheres und ungesichertes Wesen, wie sie zum Beispiel in der Existenzphilosophie von dem Münsteraner Philosophen Peter Wust (1884–1940) vertreten wird. In seiner Hauptschrift *Ungewissheit und Wagnis* (2019 [1937], vgl. auch Röbel, 2020) beschreibt er die Ungewissheit als das grundlegende Existenzial des Menschen in allen Dimensionen seines Lebensvollzugs: Unsicherheit besteht auf der vitalen Ebene des biologischen Lebens, auf der rationalen Ebene der Reflexion und auf der spirituell-religiösen Ebene. Wust sieht die große Illusion der Moderne in der Annahme, diese grundlegende Ungewissheit und Unsicherheit der Existenz durch Wissenschaftsgläubigkeit überwinden zu können. In seinen Begründungen der These von der primären Ungewissheit weiß er sich eins mit den anthropologischen Entwürfen des 20. Jahrhunderts von Max Scheler, Arnold Gehlen, Karl Jaspers, Helmut Plessner. Sie alle gehen wie Peter Wust davon aus, dass der Mensch wegen seiner fehlenden Instinktsicherung, die ihn vom Tier unterscheidet, nicht von einer angeborenen Eindeutigkeit seiner Lebenssituation ausgehen kann. Trotz aller kultureller Versuche der Selbstberuhigung bleibt ein Rest von Ungeborgenheit und Unsicherheit, die nur auf dem Weg der Annahme dieser Situation zu bewältigen sind. Man könnte auch sagen: durch innere Akzeptanz. Von daher ist hinter die oft zu hörende Vermutung, dass Ungewissheit die neue Normalität sei, ein Fragezeichen zu setzten. Normalität ist keineswegs zu verwechseln mit innerer Akzeptanz von Ungewissheit. Diese zu erstreben ist eine lebenslange Aufgabe.

Jenseits der Frage, ob etwas wie Ungewissheit normal sein kann oder werden muss, schließe ich mich der Sicht von Peter Wust an, Ungewissheit als etwas dem Menschen grundlegend Zugehöriges anzusehen. In Zeiten wie der Corona-Pandemie und der Klimakrise wird Ungewissheit nicht durch aktuelle Umstände erzeugt, vielmehr führen sie dazu, dass die prinzipielle Ungewissheit des menschlichen Daseins nicht länger ausgeblendet und verdrängt wird. Die Bilder und die mediale Präsenz des Virus machen ein Wegschauen unmöglich – schlimmstenfalls begünstigen sie die Abwehr der Abwehr in Form von abstrusen Verschwörungstheorien: Jemand muss es inszeniert haben, es kann nicht einfach die Mutation eines Virus sein! Das klingt fast wie ein religiöses Bekenntnis: Jemand muss dahinterstehen, so wie Gott die Welt mit unsichtbaren Fäden lenkt.

Das Ungewisse und die Suche nach einem sicheren inneren Raum

Dieses Existenzial der Ungewissheit bildet die Grundannahme, mit der die Entstehung des inneren Seelenraumes als Schutz von überflutender Ungewissheit erkundet werden soll – in psychoanalytischer und spiritueller Perspektive. In meinem Buch *Die Dritte Haut. Psychoanalyse des Wohnens* von 2006 habe ich mich mit den äußeren Räumen und deren Rückwirkung auf unser seelisches Leben beschäftigt. Jetzt geht es um die Entstehung unseres inneren Seelenhauses und die Frage, was es zu einem sicheren Ort macht angesichts des Ungewissen in Form von Verlust, Bedrohung und Tod. Hierbei möchte ich zeigen, dass sich die von Peter Wust angenommene prinzipielle und primäre Ungewissheit als Antriebskraft erweist, die die Entstehung des inneren Raumes vorantreibt. Das bedeutet auch, dass sich der sichere Ort immer wieder in einen unsicheren Ort verwandeln kann. Die Polarität von Sicherheit und Ungewissheit spiegelt sich auch in der Dynamik von Loslassen und Finden wider und ist ein zentrales Merkmal der psychoanalytischen Architektur des inneren Raumes.

Sind die kindlichen Bewältigungsversuche grundlegender Ungewissheiten durch Abwesenheit eines haltenden und antwortenden Objekts beschädigt oder gescheitert, kann sich kein innerer Raum entwickeln, der bei Verlust und Bedrohung Zuflucht bietet. Aus der Perspektive der psychoanalytischen Entwicklungstheorie werde ich die grundlegenden Dimensionen der Ungewissheit durchbuchstabieren und zeigen, dass diese Ungewissheit der Stoff ist, aus dem ein stabiler innerer Raum gemacht wird, sofern die Bewältigungsstufen der primären Ungewissheit einigermaßen gut durchlaufen werden, was immer auch von der Präsenz eines sicheren Gegenübers abhängt. Es ist höchst interessant zu sehen, wie die Werdegeschichte des Ichs, die man als Entstehung des innerseelischen Raumes verstehen kann, an die Bewältigung von fundamentalen Ungewissheiten gebunden ist, die unser gesamtes Menschsein durchziehen.

Neben dieser psychoanalytischen Sicht kommt auch die spirituelle Perspektive ins Spiel. Auf der Ebene der allgemeinen Bewusstseinsentwicklung des gesamten Menschengeschlechts – und damit ist die spirituelle Entwicklung gemeint – wird uns unter anderem die Entstehung des Monotheismus im Judentum, die Basis auch des christlichen Glaubens, als besonderer Entwicklungsschritt interessieren. Die sogenannte »monotheistische Aufklärung« liest sich wie ein revolutionärer Versuch, Ungewissheit zu reduzieren. Dies geschieht durch eine Instanz, den *einen* Gott, die außerhalb der ungewissen Welt existiert und als ihr Gegenüber postuliert wird – so die These von Eckhard Nordhofen (2018), die ich später noch einmal genauer aufgreifen werde. Als Gegenüber von Welt und Kosmos unterscheidet sich der *eine* Gott von den selbst gemachten Göttern, die Teil der Ungewissheit bleiben, weil sie von »Menschenhand« erschaffen wurden und damit menschliche Projektionen sind.

So viel kann jetzt schon gesagt werden: Für beide Dimensionen, der psychoanalytischen und der spirituellen Dimension, gilt, dass innere Ruhe, Seelenfrieden und Beruhigung der Angst paradoxerweise erst möglich werden, wenn die Ungewissheit zugelassen, akzeptiert und ausgehalten und nicht bekämpft wird, auch wenn sie im wissenschaftlichen Gewand daherkommt. Das meint Peter Wust mit »Wagnis«: das Risiko, dass Seelenruhe nur in einem Akt der Selbstüberschreitung auf das Ungewisse hin und der Hinnahme von dem, was geschieht, möglich ist.

Verlust des Selbstverständlichen

Bleiben wir noch einen Augenblick bei den Lebensbereichen und den co-ronabedingten Anlässen, in denen sich Ungewissheit in einer das übliche Maß übersteigenden Intensität zeigt. Dabei ist ein eigentümliches Phänomen am Werk: Wie psychologische Untersuchung gezeigt haben, ist durch das veränderte Zeitempfinden während der Pandemie der Tod vor allem bei den Risikogruppen näher ins Bewusstsein gerückt. Dies ist einerseits belastend, andererseits verringert sich aber durch diese Bewusstwerdung der eigenen Sterblichkeit und der geliebter Menschen die Ungewissheit: Weil die Fragilität des Lebens gewisser wird, nimmt das Maß an Ungewissheit ab, was aber vom Einzelnen ein hohes Maß an innerer Verarbeitung erfordert (vgl. Spitzer, 2019). Diese seelische Auseinandersetzung wirkt aber letztlich entlastend: Was ins eigene Bewusstsein integriert ist, erzeugt wesentlich weniger Angst als das Abgewehrte. Es ist wie bei vielen psychischen Phänomen: Die Verdrängung erfordert mehr Energie als deren Bewusstwerdung.

Formal lässt sich die Entstehung bedrohlicher Ungewissheit als Verlust von Selbstverständlichkeiten beschreiben. Durch den pandemiebedingten Wegfall von gewohnten Alltagsabläufen und Ablenkungsmanövern während des Lockdowns wurden vielen Menschen plötzlich die fraglos stabilisierenden Funktionen ritualisierter Alltagshandlungen bewusst. Diese stabilisierende Wirkung liegt darin begründet, dass sie ein Gefühl von Beständigkeit und Verlässlichkeit der Welt erzeugen. Die Gewissheit des Immer-weiter-so und Immer-wieder-so schützt vor aufkommenden Ängsten hinsichtlich des Unverfügbaren und Ungewissen. Zum Verlust des Gewohnten gehört auch die alltägliche Verdrängung der Sterblichkeit und des Todes, die durch Bilder und Nachrichten in den Medien zunehmend aufgelöst wurde, sodass im günstigsten Fall eine Auseinandersetzung mit Krankheit und Tod ermöglicht wurde.

Unser Alltagsbewusstsein lebt von der unreflektierten Annahme des Immer-so und Immer-weiter-so, den grundlegenden Funktionsregeln des Alltagsbewusstseins (vgl. Funke, 1984, S. 112–166). Dadurch werden Relevanzsysteme erzeugt, die die Beständigkeit der Welt und Verlässlichkeit unserer Wahrnehmung garantieren sollen. Diese Beständigkeit, in unserem Alltagsbewusstsein verankert, wurde durch die Corona-Pandemie auf eine geradezu apokalyptische Weise unterbrochen. Aufgrund von Einschränkungen alltäglicher Verkehrsformen wie sozialer Kontakte in Form von Kneipen- und Restaurantbesuchen, Reisen, Kino-, Theater- und Konzertbesuchen sowie Sportaktivitäten und Freizeitgestaltung wurde die Relevanz unseres weitgehend unreflektierten Alltagswissens ebenso infrage gestellt wie durch die mediale Präsentation dieser Einschränkungen und der damit verbundenen gesundheitlichen und wirtschaftlichen Gefahren. In der Unterbrechung vieler Selbstverständlichkeiten einschließlich der Annahme, dass wir gesund sind und bleiben, wurde vielen der Wert der sonst wenig beachteten Alltagsrituale, die sich weitgehend im eigenen Wohnbereich abspielen, genauso bewusst wie die Unverfügbarkeit von Sicherheit, Gesundheit und Zukunft. Dieser Akt der Bewusstwerdung bietet leider nicht allen einen Schutz vor seelischer Destabilisierung, die der Ausfall vieler sozialer Kontakte mit sich bringt!

Zur Zunahme an Ungewissheit führte auch die Infragestellung der alltäglichen Annahme, dass wir unsterblich seien: Krankheit und Sterben ist ein Schicksal, dass meistens nur die anderen betrifft. Diese Verleugnung unserer eigenen Begrenztheit, Fragilität und Sterblichkeit konnte angesichts der Bilder aus Kliniken in Bergamo, New York und zuletzt in Neu-Delhi nicht mehr aufrechterhalten werden. Besonders während der zweiten Welle, in deren Verlauf zunehmend Testungen stattfanden, wurde das Virus zu einer realen Erfahrung: Fast jeder kannte jemanden, der in Quarantäne saß, positiv getestet wurde oder gar lebensgefährlich erkrankte.

Sich Bilder, Vorstellungen, Illusionen, Konzepte zu machen bezüglich dessen, was zu tun ist, wenn etwas geschieht und gängige alltagserprobte Bewältigungsformen versagen und uns das Ungewisse überflutet, ist sicher der zentrale Aspekt menschlicher Kulturarbeit. Die Kultur stellt zur Beruhigung Konzepte bereit: Wissenschaftliche, künstlerische, religiöse Modelle sollen dabei helfen, die individuelle Ungewissheit in kollektive Vorstellungen einzubinden und sich dadurch entlastet zu fühlen. Sie erleichtern die Vorstellung, wie das Leben aussähe angesichts einer persönlichen Katastrophe wie Krankheit, Tod, Verlust oder anderen Schicksalsschlägen. Solche kulturell verankerten Konzepte vermögen die Angst vor der Angst vor dem Ungewissen abzumildern und zu beruhigen, weil sie auf diese Weise zugelassen und kommunizierbar wird, statt sie zu verdrängen.

Kultur und Religion reduzieren Ungewissheit

Menschheitsgeschichtlich betrachtet ist die Entstehung der Kultur die grundlegende Weise, mit den natürlichen Ungewissheiten umzugehen und Gegenkräfte zu mobilisieren. Schafft doch die Kultur Rituale, Symbole und Bilder in Kunst, Religion und Wissenschaft, bei denen wir Zuflucht finden können und müssen. Denn schließlich ist die Beruhigung unserer Angst vor dem Ungewissen bei uns Menschen nur wenig durch unsere Instinkte gesichert. Wir sind auf einen Ersatz für das angewiesen, was wir mit dem Eintritt in die Welt verloren haben: die Sicherheit eines schützenden Raumes, einer bergenden und haltenden Welt, wie sie die großen Erzählungen der Menschheit immer wieder im Bild des Paradieses beschrieben haben. Die Kultur ist im weitesten Sinne der menschliche Ersatz für den verlorenen primären Schutzraum vor der Ungewissheit der Welt. Zu diesem sehr weit gefassten Verständnis von Kultur gehören neben den Kernbereichen Kunst, Wissenschaft und Religion auch die Institutionen und Lebensformen, die Menschen geschaffen haben, um ihr Zusammenleben zu regeln und Verlässlichkeit und Gewissheit darüber zu erlangen, dass das Leben irgendwie weitergeht. In seiner Instinktoffenheit ist der Mensch wie kein anderes Lebewesen auf diese ihn strukturierenden und damit stabilisierenden Lebens- und Verkehrsformen angewiesen. Vor allem religiös-rituelle Praktiken erweisen sich wie ein kultureller Container, der die individuellen Ängste aufzufangen und umzuwandeln vermag, indem sie in einen größeren, überindividuellen Zusammenhang gestellt werden.

Ein Beispiel aus dem kulturellen Gedächtnis für die transformierende Bedeutung von Ritualen als Bewältigungsform des Ungewissen stammt aus der Zeit, in der magisches Denken noch allgegenwärtig war: das Ritual des Stiersprungs im alten Ägypten und im minoischen Kreta. Die bildliche Darstellung dieser ritualisierten Handlung ist bekannt durch einige Fresken im Palast von Knossos: Junge Frauen und Männer machen eine Art Radschlag auf und über dem Rücken eines Stieres. Die Hörner des Stieres symbolisieren die Mondsichel und damit den Zyklus von Tag und Nacht, den die Springenden in ihrem Sprung in Szene setzen. Weil sich die Menschen nicht ganz sicher waren, ob nach Sonnenuntergang am nächsten Morgen die Sonne wieder aufgeht und damit das Leben weitergeht, bedienten sie sich dieses Rituals, um die Ungewissheit zu bändigen und mit dem Sprung über den Stier das Weiter-so sichtbar zu machen. Vermutlichen wurzeln die

19

Übergangsrituale der Religionen, die den Wechsel von Tag und Nacht, aber auch die Jahreszeiten begleiten, in dieser Ungewissheit über das Weiterbestehen der Welt, auch infolge des fehlenden Wissens über die kosmischen Zusammenhänge. Auf der Stufe des magischen Bewusstseins sind sie kreative Formen der Angstbewältigung, derer sich auch das Kleinkind bedient, wenn es zu einem »Übergangsobjekt« greift. Dies kann der Zipfel einer Decke sein, der berühmte Teddybär oder etwas anderes aus der Außenwelt. Diese äußeren »Dinge« werden dann zum inneren Symbol für die Mutter, um die Angst wegen ihrer Abwesenheit auf kreative Weise zu beruhigen.

Rituale entwickeln sich zu Lebensformen, die Stabilität und Sicherheit vermitteln, indem sie Ungewissheiten und Abgründe transformieren. Hat der Mensch sie einmal geschaffen, begegnen sie ihm wie ein sicherer und schützender Raum, der nicht infrage gestellt wird. Werden diese Lebensformen dann noch durch ein religiöses System oder gesellschaftliche Konventionen abgesichert, dann erscheinen sie wie selbstverständlich fraglose Gegebenheiten des Lebens.

Heute ist diese Fraglosigkeit von haltenden inneren Strukturen kaum noch vorhanden. Auf dem Weg von einer geschlossenen mittelalterlichen Welt in eine offene Welt der Moderne, Postmoderne und Nach-Postmoderne haben die Gewissheit erzeugenden Lebensformen und Weltanschauungen ihre Plausibilität verloren und damit auch ihre stabilisierende Funktion. Der Verlust von Religion in der neuzeitlichen Säkularisierung ist sowohl Ursache als auch Folge dieses Wandels. Wenn Religion in der westlichen Welt überhaupt noch eine größere Rolle spielt, dann zunehmend in ihrer fundamentalistischen Form. Diese scheint ein hohes Maß an Sicherheit zu geben, jedenfalls ein höheres als der Teil der jüdisch-christlichen Religion, der auf Emanzipation, Entwicklung und Freiheit setzt. Beide Seiten von Religion, die emanzipatorische und die rückwärtsgewandte, kommen in den Bildern und Fantasien vor, die als Utopien die Angst vor dem Ungewissen bannen sollen.

Utopien geben Hoffnung gegen die Ungewissheit

Das Erleben von psychischer, physischer, sozialer und wirtschaftlicher Verunsicherung führt ins Zentrum dessen, womit Menschen schon immer

Ungewissheiten wie diese zu bewältigen versuchten: hoffnungsvolle Bilder und Vorstellungen davon, dass es in der Zukunft besser wird als jetzt. So war in Italien auf dem ersten Tiefpunkt der pandemischen Bedrohung im Frühjahr 2020 geradezu kontrafaktisch überall zu lesen: »Tutto andrà bene.« – »Alles wird gut werden.« Die Krise als Chance für eine bessere Welt zu sehen kann einerseits der Angstabwehr vor Ungewissheit dienen, womit das Aushalten des Unwägbare verhindert würde; andererseits kann diese Sichtweise aber auch konstruktiv sein, wodurch sich neue Möglichkeiten des Lebens erschließen. Diese Art von Zuversicht und Hoffnung stellt keine nur vorübergehende Haltung in bedrohlichen Momenten dar, sondern macht den Kern der großen Utopien der Menschheit aus. Auf diese Weise wird die Annahme unseres Alltagsbewusstseins, alles gehe immer weiter so, wieder in Kraft gesetzt. Diese utopische Sehnsucht als Kern des Humanum führt aber auch dazu, den verlorenen Zustand des Wie-es-immer-war in rosa Licht erscheinen zu lassen. Der Grund liegt wohl in der menschlichen Neigung, stets das, was verloren gegangen ist, zu idealisieren, was so viel heißt wie das Ausschalten und Verdrängen der konflikthaften und versagenden Seiten. Dies drückt sich schon im Begriff »Utopie« (ou-topos) aus, der »nicht Ort« bzw. »kein Ort« bedeutet. Die Utopie besteht also aus einer von der Realität losgelösten wunschbestimmten »ort-losen« Fantasie. Sie zeigt, dass wir vom Ungewissen ständig umgeben sind und auch die Zukunft offen und unsicher ist. Dies scheint das einzig Gewisse zu sein. Die Angst hiervor kann sich vielfältig ausdrücken: So erschütterte Corona beispielsweise nicht nur viele unserer alltäglichen Selbstverständlichkeiten, sondern rückte auch den Tod, den eigenen und den anderer Menschen, bedrohlich näher. Damit verbunden sind tiefe seelische Verletzungen, denn der eigene Tod und die Fragilität des Körpers kränken unser narzisstisches Bedürfnis nach Unbegrenztheit und Unsterblichkeit, während der mögliche Tod unserer Mitmenschen Verlustangst und Einsamkeit aktiviert.

Dazu gesellen sich andere globale und klimatische Ungewissheiten hinsichtlich der Zukunft unseres Planeten. Und die mit einer möglichen Eindämmung der Klimakatastrophe einhergehenden Beschränkungen bedeuten Verzicht und bisweilen wirtschaftliche Not, die sich bis zu massiven existenziellen Ängsten steigern können. Die Veränderungen durch Migration und Zuwanderung erleben viele als Verlust von Freund- und Feindbildern, wodurch Angst vor dem Fremden und Misstrauen mobilisiert werden. Noch bedrohlicher sind Szenarien, in denen ein Chemiewaffenanschlag, ein Nuklearkrieg, eine außer Kontrolle geratene autonome künstliche Intelligenz oder ein Hackerangriff das Ende der Welt einleitet, zumindest einer Welt, wie wir sie kennen. Kosmische Katastrophen wie der Einschlag eines Asteroiden bilden weitere Horrorszenarien. Das Gefühl, dass wir in dieser Welt nicht sicher sind, lässt sich kaum noch verdrängen.

Angst und Panik nehmen angesichts dieser massiv auftretenden Ungewissheiten und Bedrohungsszenarien zu, und je größer sie werden, desto mehr steigern sich auch die Abwehrformen der Angst ins Irrationale und Gefährliche. Besonders deutlich wird das mit Blick auf die Verschwörungstheoretiker angesichts der Corona-Pandemie. Die Identifikation mit deren Positionen vermittelt ein Gefühl von Zugehörigkeit zu einer Gruppe, was angstmindernd wirkt und Sicherheit durch soziales Aufgehobensein erzeugt. In milder Form tritt die Angstbewältigung auch in Form von Unterwerfungsbereitschaft unter politische oder wissenschaftliche Autoritäten auf. Die mediale Präsentation der Virologen in der Pandemiezeit hatte auch das Ziel, durch Verweis auf die Wissenschaft und deren Vertreter Vertrauen zu schaffen und Gewissheit zu geben angesichts ängstigender Ungewissheit. Dennoch beobachten wir eine Zunahme von frühen und primitiven Abwehrmechanismen wie Spaltung, Polarisierung und Projektion.

Utopien können auch destruktiv werden

Destruktive Mechanismen zur Abwehr und vermeintlichen Bewältigung von Ungewissheit haben eine lange Tradition in der abendländischen Geschichte. Seinen Anfang nahm es wahrscheinlich vor etwa 1.900 Jahren, als ein Mann namens Johannes auf der Insel Patmos seine »Apokalypse« – das letzte Buch im Neuen Testamentes der Bibel – in aussagekräftigen und teils grausamen Bildern verfasste. Apokalypse bedeutet Aufdeckung, und so wollte der Verfasser seinen Lesern, einer Minderheit von Christen im Römischen Weltreich, eine Gefahr aufdecken, die ihnen als jüdische Sekte durch Verfolgung und Tod von den Römern drohte, deren Götter, Tempel und Paläste Johannes – nicht weit von der Küste Kleinasiens entfernt – vor Augen hatte. Neben der Bewusstmachung für die tödliche Bedrohung lieferte er gleichzeitig Bilder der Erlösung und Hoffnung. Und diese utopischen Erlösungsvorstellungen sind äußerst widersprüchlich. Zunächst beschreibt er die Unterwerfung unter eine Autorität, im Anschluss schließt sich die von Gott auserwählte Gruppe gegen die Ungläubigen zusammen. Im 18. Kapitel der »Geheimen Offenbarung des Johannes« geht es um die Begegnung zweier Welten, die durch Spaltung voneinander getrennt werden. Der reinen und guten himmlischen Welt (Utopie) wird eine stinkende und böse Höllenwelt (Dystopie) gegenübergestellt. Diese strikte Trennung beider Welten setzt eine ungeheuerliche Destruktivität frei. Der aggressive Vernichtungswille gegen alles, was dieser Utopie der Auserwählung im Wege steht, zeigt sich in der Zerstörungsfantasie gegen Babylon (vgl. Apk 18,7f.,21–24), dem Symbol des Bösen schlechthin. Die Destruktivität dieser Spaltung inszeniert sich durch eine Reinigung der Geretteten, die unbefleckt in weißen Gewändern gekleidet in Unmittelbarkeit zu Gott leben. Letzterem entspricht eine äußerst dystopische Aggressivität, mit der die Verlorenen verfolgt und ausgeschlossen werden: verbannt in einen Pfuhl von Schwefel, dessen Rauch ewig zu denen aufsteigt, die das Halleluja singen. Alles, was die Reinheit bedroht, wird auf die andere Seite projiziert, wodurch die Spaltung aufrechterhalten wird.

Die Projektion der Aggression auf ein Gegenüber geschieht in der Hoffnung, das verlorene Paradies, symbolisiert durch das verheißene himmlische Jerusalem, wiederzufinden. Dieser himmlische Ort wird als Große Mutter dargestellt, die als archaische Mutter zugleich nährend und verschlingend ist, wie es Erich Neumann (1974) für die Zeit des Matriarchats aufgezeigt hat. Es ist die Sehnsucht nach einer Welt, in der alle störenden Unterschiede aufgehoben sind und in der ewige Harmonie herrscht. Wie verlockend solche Fantasien als seelische Rückzugsorte der Bewältigung von Ungewissheit auch sind und wie befriedigend apokalyptische Bilder von der Auserwählung der Guten und Vernichtung der Bösen auch scheinen mögen, ihre Destruktivität besteht in der notwendigen Zerstörung all dessen, was diesem idealen Zustand entgegensteht. Hintergrund dieser »Erlösung durch Vernichtung und Spaltung« bildet die erwähnte reale Verfolgung und Bedrohung der Christen durch die Römer.

Vielleicht ist das Bild der Apokalypse, das Johannes entwarf, deshalb so bedeutsam, weil es uns die Mechanismen vor Augen führt, die zu den unproduktiven Bewältigungsformen von Ungewissheit und Angst führen: einer Spaltung der Welt und der Menschheit in Gut und Böse. Die fatale Folge ist die blinde Unterwerfung unter eine Heilsgestalt, verbunden mit dem Zusammenschluss in einer Schutz verheißenden Gruppe, die strikt abgegrenzt und isoliert lebt und den Rest der Welt zum Feind erklärt.

In der Moderne ist ohne Zweifel für viele Menschen an die Stelle von metaphysischen und religiösen Sinnsystemen die Wissenschaft getreten. Wissenschaftshörigkeit hat für viele durchaus den Charakter eines religiösen Glaubens und ähnelt einem Sichanvertrauen an eine vermeintlich objektive Wahrheit. Da die Wissenschaft selbst aber keine Instanz anerkennt, die sie von außen begründet und trägt, bleibt auch die wissenschaftliche Erkenntnis immer im Raum des Ungewissen. Die Wissenschaft selbst, vor allem die Naturwissenschaft, hat diesen Mangel dadurch zu kompensieren versucht, dass sie sich besonders objektiv darstellt, so als könnte ihr Objektivitätsideal der grundlegenden Ungewissheit Paroli bieten (vgl. Funke, 2016). So sehr die Wissenschaft einerseits Ungewissheiten beseitigt, ist sie andererseits um ihrer eigenen Entwicklung willen auf den Erhalt der Ungewissheit angewiesen, denn offene Fragen und Nicht-Wissen sind der Motor ihres eigenen Fortschritts.

2 Das Ungewisse, das Unbewusste und das Transbewusste

Die Tröstungen der Religion und deren Transzendenzbezug sucht die Wissenschaft durch eine realistische, diesseitsbezogene und objektive Weltsicht zu ersetzen. Dies zeigt sich besonders deutlich am Beispiel Sigmund Freuds, der in seiner Psychoanalyse das fand, was ihm die Religion nicht mehr bieten konnte. Er entdeckte das Unbewusste. In seinem Jahrhundertwerk *Die Traumdeutung* (1900a) stellt er das Vergilzitat aus der *Aeneis* voran: »Flectere si nequeo superos, Acheronta movebo.« – »Wenn ich die Götter nicht erweichen kann, werde ich die Unterwelt bewegen« (Verg., Aen. VII,312). In der Unterwelt begegnet Freud dem Unbewussten. Mit diesem Konzept hat die Psychoanalyse einen genuinen Beitrag zum Verständnis des menschlichen Seelenlebens geliefert. Heute stellt sich aber die Frage, ob die Psychoanalyse angesichts globaler Krisen wie der Corona-Pandemie, der Klimakatastrophe, des drohenden Untergangs der bisherigen Welt und der kosmischen Vernichtungsängste nicht einen ähnlichen Beitrag zur Bewältigung und zum Umgang mit dem Ungewissen leisten müsste und könnte, wie sie es angesichts der seelischen Leiden im letzten Jahrhundert mit dem Konzept des Unbewussten getan hat.

Ein solcher Beitrag dürfte sich weniger als Ratgeberwissen verstehen, sondern vielmehr als Erweiterung des Bildes vom Menschen. Die Vorstellung vom seelischen Raum, die über das rein individualpsychologische konzipierte Unbewusste hinausgeht, müsste erweitert werden um eine andere, transpersonale und transbewusste Dimension. Der Bezug zu einem übergeordneten Ganzen wird dem heutigen notwendigen Umgang mit dem Ungewissen vielleicht besser gerecht als eine heroische Haltung, mit der das Ungewisse und Unverfügbare einfach ertragen werden muss, so wie Freud selbst mit der Ungewissheit seiner Krebserkrankung umgegangen ist.

Doch hat Freud nicht ganz auf Trost verzichtet. Im Rahmen der Auseinandersetzung mit Romain Rolland über das ozeanische Gefühl in seiner Schrift »Das Unbehagen in der Kultur« (1930a) erinnert er auf den ersten Seiten an Hannibal, mit dem er von Jugend an identifiziert ist. Einen Bezug gibt es in seinem Frühwerk *Die Traumdeutung* (1900a), wo er beschreibt, wie seinem Vater von einem Christen die Mütze vom Kopf geschlagen wird: »Jud, herunter vom Trottoir!« Freud war maßlos enttäuscht, dass sich sein Vater ohne Gegenwehr willig fügte. Diese Enttäuschung kompensiert Freud durch seine Identifikation mit dem antiken Feldherrn Hannibal. Dessen Vater, Hamilkar Barkas, ließ seinen Sohn Rache an den Römern schwören für die den Karthagern zugefügten Schmähungen und Niederlagen. Der Impuls Freuds, wie Hannibal gegen »Rom« als dem Zentrum des Christentums in den Kampf zu ziehen, entspringt seinem Wunsch nach Rache an dem Christen, der seinem Vater die Kränkung zumutete, als er ihm die Mütze vom Kopf schlug und die der Sohn mitansehen musste.

Stellvertretend für den Vater wird der Sohn im Zug »gegen Rom« diese Tat rächen. So wie Hannibal gegen Rom sollte auch Freud gegen die Religion der Christen zu Felde ziehen und sie zerstören, indem er sie als Illusion entlarvte und sie auf unbewusste Fantasien und kindliche Wünsche nach einem starken Vater zurückführte. Trotz dieser religionskritischen Position führt Freud ein Zitat des Feldherrn aus dem Stück *Hannibal* (1835) des Dichters Christian D. Grabbe an. Es ist Hannibals Antwort auf den Trost, den ihm sein Gefährte Turnu angesichts des frei gewählten Tods spendet, mit dem sie dem Los der Gefangennahme durch die Römer entgehen wollen: »Ja, aus dieser Welt können wir nicht fallen. Wir sind drin. – Trink« (Grabbe, 1835, Akt V). Dieses Nicht-herausfallen-Können aus der Welt bewegt Freud im Zusammenhang mit der Bewältigung seiner eigenen Angst vor Tod und Zerstörung zu Beginn des Ersten Weltkrieges. So schreibt er am 2. August 1914 an Abraham: »Aus dieser Welt können wir nicht fallen. Das ist die größte Sicherung« (zit. n. Uhl, 2000, S. 7).

Aktuell stellt sich die Frage, ob Freuds Gewissheit, nicht aus dieser Welt herausfallen zu können, heute noch gilt. Die Welt erscheint nicht mehr so stabil, als dass wir nicht aus ihr nicht herausfallen könnten. Die rapiden Veränderungen des Klimas, der rasante Fortschritt der Digitalisierung und die Corona-Pandemie lassen in vielen Menschen das Gefühl entstehen, dass die Welt, wie wir sie kennen, dem Untergang geweiht ist und neue Herausforderungen einer unbekannten neuen Welt zu bewältigen sind. Um diese bewältigen zu können, drängt es uns, nach etwas zu suchen, was unserem persönlichen Leben im äußersten Ungewissen Halt zu geben vermag.

Das Unbewusste der Psychoanalyse beerbt die Religion

Es war offenbar auch Freud bewusst, dass die Wissenschaft alleine diesen Halt nicht geben kann. Sein berühmter Satz »Die Trieblehre ist sozusagen unsere Mythologie« (Freud, 1933a, S. 101) zeigt, dass es auch für seine Wissenschaft vom seelischen Leben einen Bezugspunkt braucht, der über die reine Wissenschaft hinausgeht. Nicht zuletzt ist seine intensive Beschäftigung mit der Religion und deren Kritik ein Versuch, sie zu beerben und die Negation ihrer Inhalte durch sein Konzept des Unbewussten und der Macht der Triebe auszugleichen.

Die einzige Berechtigung, die Freud der Religion zubilligt, ist, dass sich in ihr die historische Wahrheit des innerseelischen Lebens ausdrückt, aber eben in einer neurotischen Weise, die es durch Reife und Erwachsenwerden zu überwinden gilt. Freud hat eine geradezu heroische Haltung an den Tag gelegt, wenn es darum ging, die Ungewissheiten des Lebens auszuhalten und sich von nichts trösten zu lassen. Daher konnte Freud die Religion auch nicht als tröstende und haltende Verbindung zu einer anderen Wirklichkeit verstehen. Das ozeanische Gefühl des Verbundenseins war ihm fremd, und das hat biografische Gründe, denn das Ozeanische ist mütterlich-weiblichen Ursprungs. Im frühen Austausch zwischen Mutter und Kind entsteht dieses Gefühl, in der Welt aufgehoben und beheimatet zu sein. In diesem Verbundenheitszustand existiert die Subjekt-Objekt-Trennung noch nicht, und für diese nondualen Schwingungen des Seins war Freud taub, wie er Romain Rolland gegenüber selbst zugab.

Freuds Trauma und seine Religionskritik

Die unerbittliche Strenge Freuds gegenüber den Tröstungen der Religion wurzelt Joel Whitebooks Freud-Biografie (2018) zufolge in dessen Phobie vor dem unbekannten Kontinent des Weiblichen, die sich auf eine unverarbeitete, traumatische Früherfahrung mit der Mutter zurückführen lässt. Worin besteht dieses Trauma? Seine Mutter Amalie war eine narzisstische, kühle, selbstbezogene und an Depressionen erkrankte Frau, die ihrem Sohn keine Wärme und emotionale Bindung bieten konnte. Ersatz fand er in Person der katholischen Kinderfrau, die ihn betreute, als er mit seiner Familie in Freiberg wohnte, einem Ort intensiver Marienverehrung. Die Kinderfrau nahm den kleinen Sigmund stets mit in die Kirche, in der er Wärme und Geborgenheit in einem erlebte. Umso schlimmer war für ihn die jähe Trennung von seiner Bezugsperson, die von jetzt auf gleich aus dem Haushalt der Freuds entlassen wurde wegen Veruntreuung. Seine spätere Sehnsucht nach Rom lässt sich vor diesem biografischen Hintergrund als Wiederkehr der verdrängten Sehnsucht nach einem solchen mütterlich-haltenden Ort zu verstehen.

Freud maskiert diesen traumatischen Verlust primärer Mütterlichkeit durch Rationalität, Sachlichkeit und Kühle, was zu einer fortdauernden Verdrängung des Weiblich-Mütterlichen beiträgt. Statt sich mit diesem Verlust auseinanderzusetzen, wandte er sich dem Vater zu mit der Folge einer paternalistischen, wissenschaftlich-rationalistischen Prägung der Psychoanalyse. Seinen anfänglichen Weggefährten und Mitstreiter C. G. Jung musste er später deshalb auch bekämpfen, weil dieser sich den weiblich-archaischen Archetypen zuwandte.

Sein eigenes Abwehrschema wendet Freud auf die Deutung der Religion an, vor allem seiner eigenen, dem Judentum. Mose wird zu einer Vaterfigur, die dem Volk eine rationale Geistigkeit zumutet und das Sinnlich-Mütterliche entfernt. Symbolisch drückt sich dies, so die These Freuds, in der Zerstörung des Goldenen Kalbes am Berg Sinai im Moment der Übernahme der Gesetzestafeln mit den Zehn Geboten durch Jahwe aus. Die Sinnlichkeit des Goldenen Kalbes, das vom Volk ekstatisch umtanzt wird, steht für die weibliche Dimension. Wegen seiner verdrängten Sehnsucht nach diesem Zustand des Einseins kann er dem Tanzen als Bild für die Entgrenzung und für tranceähnliche Verbundenheitszustände keine

»Geistigkeit« zugestehen. Dabei ist dieser Zustand insofern geistvoll, als er das duale Bewusstsein übersteigt und dem Sein und damit der Einheit und Verbundenheit von allem mit allem nähersteht als das trennende Bewusstsein der Rationalität und Wissenschaftlichkeit.

Bei seinen Auseinandersetzungen mit den Ursprüngen des jüdischen Glaubens übersieht Freud, dass am Anfang des von ihm männlich besetzten Monotheismus im alten Ägypten während der Regierung von Amenophis IV. (Echnaton genannt) zwei Frauen stehen: Echnatons Mutter Teje, die großen Einfluss auf ihren Sohn hatte, sowie seine Frau Nofretete. Überraschenderweise übergeht Freud eine Arbeit des Psychoanalytikers Karl Abraham, die sich diesen weiblichen Wurzeln des Monotheismus zuwendet.

Kurz: Es kommt in Freuds Deutung des Monotheismus zur Spaltung von Sinnlichkeit und Weiblichkeit auf der einen und reiner Geistigkeit und Männlichkeit auf der anderen Seite. Da die biblische Erzählung mit Freuds Verständnis auf den ersten Blick zusammenpasst, wird die pathologische Seite der Spaltung von Sinnlichkeit und Geistigkeit im Sinai-Ereignis ausgeblendet. Freud findet in der Geschichte die ablehnende Position des Weiblich-Sinnlichen wieder, die er selbst lebensgeschichtlich durch die Erfahrungen mit seiner Mutter entwickelt hat. Er zementiert in seiner Deutung das Pathologische, indem er die Spaltung als Fortschritt auslegt und nicht sieht, dass die Sinnlichkeit als Gegenpol ihren Platz hat bzw. braucht. Wäre Moses zur Ambivalenztoleranz im Hinblick auf diese beiden Pole fähig gewesen, wäre es nicht zur Spaltung gekommen. Freud aber bleibt mit dem rigiden Ideal der reinen Geistigkeit, wie er es Mose zuschreibt, identifiziert.

Die Folge: Nicht der Monotheismus mit seinem absoluten Wahrheitsanspruch als solcher ist die Quelle eines mitunter gewaltsamen Kampfes um die Wahrheit, wie oft unterstellt wird, sondern die in ihn hineingelegte Spaltung von Sinnlichkeit und Geistigkeit, von Bild und Wort. Rationalisten sind Feinde von Symbolik und Sinnlichkeit, was auch für fundamentalistische Einstellungen gilt.

Die heilsame Variante zur Zerstörung des Goldenen Kalbes und damit der sinnlichen Seite des sich am Sinai offenbarenden Gottes wäre ein polares Verhältnis von Sinnlichkeit und Geistigkeit: Der Tanz ums Goldene Kalb ist kein Gegensatz zu den Gesetzen, die Moses auf dem Berg erhält. Der Tanz steht für die körperlich-mütterlich-sinnliche Dimension, die Freud in seiner Identifikation mit Moses zerstören musste. Die innere Figur der Polarität und die Verschränkung dieser beiden Dimensionen standen, bewusstseinsgeschichtlich gesehen, Freud noch nicht zur Verfügung.

Seine Deutung bestätigt die These von der Destruktivität, die von reinen Idealen ausgeht. Destruktiv werden sie deshalb, weil ihnen die Polarität von Gut und Böse, Licht und Dunkel abhandenkommt. Im Ideal wird die jeweils entgegengesetzte Seite weggespalten. Zu einer solchen Idealisierung neigt die Freud'sche Konstruktion des jüdischen Monotheismus. Das Ideal der reinen Geistigkeit, das die Bilder zerstören muss, findet sich dann auch in seiner Theorie vom Antisemitismus: Das Judentum habe den Hass der Völker auf sich gezogen, weil es das Ideal des Triebverzichts, das Bilderverbot und das Ideal der Geistigkeit seines Gottes predige. Mit der Verdrängung des Weiblich-Sinnlichen konstruiert Freud ein ödipal-männliches, mutterfernes Judentum, einen rationalistischen Monotheismus. Nach diesem Muster entwirft er auch eine dem Weiblich-Mütterlichen gegenüber fremdelnde Psychoanalyse. Aus den genannten biografischen Gründen ist seine Konstruktion eines männlichen Ichideals als Abwehr alles Weiblich-Verbindenden, wie es uns im ozeanischen Gefühl begegnet, verständlich.

Selbstreflexion und Selbsttranszendenz: zwei Wege des Umgangs mit Ungewissheit

Die Kindheitserfahrung Freuds ist aber nicht der einzige Grund, warum sich die Psychoanalyse in der Bewältigung des Ungewissen mit religiösen und spirituellen Tröstungen und den ozeanischen Verbundenheitszuständen so schwertat. Ein anderer, gegenüber der Verdrängung des Weiblich-Mütterlichen wesentlich weitreichender Grund liegt in der erkenntnistheoretischen Voraussetzung der Psychoanalyse, die sie – wie übrigens alle Wissenschaften – von den mystisch-spirituellen und religiösen Vorstellungen der Menschheit unterscheidet. Ich nehme hier Bezug auf die beiden Grundparadigmen des Zugangs zur Welt: das duale, auf Subjekt-Objekt-Trennung basierende Wissenschaftsmodell und das auf nondualer,

Subjekt-Objekt-Einheit gründende spirituell-philosophische Realitätsverständnis (vgl. Jaspers, 1971, S. 24–31).

Alle intersubjektiven Theorien und Wissenschaften sowie unser Alltagsbewusstsein gehen von der Annahme einer Subjekt-Objekt-Trennung aus, also von einem dual strukturierten Weltkontakt. Diese Annahme übernehmen wir fraglos, weil sie praktisch ist und uns zu handlungsbereiten und orientierungsfähigen Menschen macht. Das Gegenteil dieser Annahme, die Behauptung, dass es diese Getrenntheit von Subjekt und Welt nicht objektiv gebe, sondern dass es sich dabei um eine mentale Konstruktion unseres Geistes handle, erscheint unserem Alltagsbewusstsein dagegen als Zumutung. Dieser Herausforderung stellte sich Freud und konfrontierte die traditionellen Wissenschaften mit seinem Konzept des Unbewussten und der ihm eigenen Gesetzlichkeit. Im Unbewussten, so Freud, gebe es keine Logik, keine Getrenntheit der Objekte und keine Zeitlichkeit. Dieses prälogische Verbundenheitsmodell wird in der Freud'schen Psychoanalyse dem Primärprozess zugeschrieben. In diesen Modus zurückzufallen erscheint ihm und vielen Psychoanalytikern als Rückfall in kindliche Vorstellungen.

Davon zu unterscheiden wäre ein Bewusstseinszustand, der keine Regression in den Primärprozess darstellt, sondern der über das Bewusstsein hinausgeht, also transbewusst statt unbewusst ist. Als Beispiel für eine solche Überschreitung sei Heinz Kohuts psychoanalytische Theorie des Selbst erwähnt, der diese im Rahmen seines Narzissmuskonzepts entwickelt hat. Er spricht vom »kosmischen Narzissmus« (Kohut, 1966) und meint damit einen Zustand, in dem sich der Mensch mit dem übergeordneten Ganzen verbindet und so sein psychologisches Selbst überschreitet hin zu einem kosmischen Verbundenheitsgefühl. Dieses Gefühl ist für Kohut kein Rückschritt in die Größenfantasie eigener Unsterblichkeit, sondern die Folge einer Wandlung. Diese besteht darin, dass das eigene Ich nunmehr nicht länger narzisstisch besetzt und die eigene Sterblichkeit nicht mehr verleugnet wird, sondern eine Transzendierung des eigenen Selbst hin zu einem größeren Ganzen geschieht.

Der innere Raum weitet sich in eine andere kosmische Dimension. Für diesen Zustand verwende ich den Begriff transbewusst, um zu zeigen, dass er das duale Bewusstsein nicht negiert, sondern transzendiert. Im Gegensatz zum Konzept des Unbewussten beruht das Transbewusste nicht auf Verdrängung und regressiver Unbewusstmachung, sondern auf der Fähigkeit zur Selbstüberschreitung. Das bedeutet, der Mensch kann die Bedingungen seiner Wahrnehmungen erkennen und so über sich selbst hinausgehen. Da es sich hierbei um eine zentrale Bewältigungsform von Ungewissheit handelt, derer sich auch die Philosophie, Religion und Spiritualität bedienen, möchte ich diese Fähigkeit der Selbsttranszendierung hin zum Transbewussten im nächsten Kapitel etwas genauer betrachten.

Damit ist nun auch die psychoanalytisch-spirituelle Doppelperspektive benannt, mit der der innere Raum vermessen werden soll: als intersubjektiver und auf Beziehungen zu anderen Menschen beruhender dreidimensionaler innerseelischer Raum sowie als ein die Intersubjektivität überschreitender vierdimensionaler Raum, der das psychologische Individuum mit einem übergeordneten Ganzen in Form einer vierten Dimension verbindet (vgl. Grieser, 2018, S. 188–201). Karl Jaspers nennt diese Transzendenz das »Umgreifende« und meint damit jenen Raum, der jede Subjekt-Objekt-Trennung wie ein Dach überspannt (vgl. 1971, S. 24f.).

Der innere Raum:
intrapersonal – interpersonal – transpersonal

Um die Bedeutung des inneren Raumes für die Bewältigung von Ungewissheit zu erfassen, möchte ich ihn unter drei Aspekten betrachten:
➤ *intrapersonal:* was sich auf der inneren Bühne einer Person ereignet
➤ *interpersonal:* was sich im Beziehungsraum zwischen zwei oder mehr Personen abspielt
➤ *transpersonal:* was der innere Raum jenseits personaler Beziehungen bedeutet

Die intrapersonale und die interpersonale Sichtweise gehören dem dualen Paradigma an, da sie die Subjekt-Objekt-Trennung logischerweise voraussetzen. Bei der Idee von der Person oder dem Individuum wird davon ausgegangen, dass es noch etwas anderes als das isolierte Ich gibt: andere Personen und Erscheinungsformen der Welt, die vom Ich als Gegenüber erlebt und wahrgenommen werden. Beim interpersonalen Raum ist dies selbstverständlich, setzt das »inter« im Sinne von »zwischen« doch immer wenigstens zwei getrennte Personen voraus. Bei der intrapersonalen Perspektive geht es um das, was sich auf der inneren Bühne des Individuums abspielt. Durch die Verinnerlichung der Beziehung zwischen zwei Subjekten wird diese nach innen genommen. Die Intra-Perspektive setzt also immer schon die Inter-Perspektive voraus, das heißt, die beiden Sichtweisen bedingen sich. Der berühmte Satz »Das Ich wird am Du zum Ich« des jüdischen Religionsphilosophen Martin Buber drückt die Verschränkung von dem aus, was sich auf der innerseelischen Bühne (»Ich«) abspielt, und dem, was sich im Zwischenraum zweier Subjekte wie Mutter und Kind, Therapeut und Patientin, Mann und Frau (»Ich – Du«) ereignet. Beide, Subjektivität und Intersubjektivität, Ich und Du, bedingen sich wie die beiden Brennpunkte einer Ellipse.

Diese intersubjektive Sichtweise auf den inneren Raum stand für Freud nicht im Zentrum der Psychoanalyse. Er war der Vertreter einer Ein-Personen-Psychologie und verstand den seelischen Raum als etwas, das im Inneren des Einzelnen entsteht als Ergebnis der Dynamik dreier innerer Instanzen: Ich, Es und Überich bzw. Ichideal. Überich und Ichideal sind maßgeblich am Aufbau des inneren Raumes beteiligt und bestimmen, ob sich dieser zum Beispiel zu einem Freiheitsraum ausbildet oder zu einem neurotischen Gefängnis. Sie sind die Instanzen, die Triebwünsche aus dem Es zulassen bzw. unterdrücken und Verdrängung und Abspaltung bewirken. Dabei war Freud immer klar, dass diese inneren Instanzen Agenten der Kultur und Gesellschaft sind, die dem Individuum aufdrängen, was moralisch oder gesellschaftlich erwünscht bzw. verpönt ist. Trotz dieses Bezugs zur Außenwelt bleibt der innere Raum bei Freud monadisch. Im Gegensatz zu einer Ein-Personen-Psychologie steht in den Zwei- oder Mehr-Personen-Psychologien der Andere und die Beziehung zu ihm im Fokus, denn er ist derjenige, der an der Entstehung des inneren Raumes unabdingbar beteiligt ist. Intersubjektivität ist daher das Primäre, die Urform des Mentalen, sie erzeugt psychische Realität. Durch sie entsteht das, was im Kontakt mit anderen von den Menschen nicht wahrgenommen und nicht »gewusst« werden soll: das Unbewusste.

Davon unterscheidet sich die transpersonale Dimension des inneren Raumes. Sie folgt der Logik eines nondualen Wahrnehmens, das die Subjekt-Objekt-Trennung übersteigt. Im weiteren Verlauf dieses Essays möchte ich mich diesen beiden Umgangsformen mit dem Ungewissen zuwenden: der Selbstreflexion, die auf dem dualen Paradigma der Subjekt-Objekt-Trennung beruht, und der Selbsttranszendenz, die über diese Trennung im Sinne des nondualen umgreifenden Ganzen hinausgeht.

Der dreidimensionale
und der vierdimensionale innere Raum

Die Psychoanalyse hat viele Ansätze entwickelt, um den seelischen Innenraum zu fassen. Freud hat ihn, wie schon gezeigt, weitgehend intrapersonal verstanden, der sich zwischen den Instanzen Ich, Es und Überich entfaltet. In der Objektpsychologie wird davon ausgegangen, dass sich der seelische Innenraum durch die Beziehung zu äußeren und inneren Objekten konstituiert, in der Selbstpsychologie wird er in den Resonanzverhältnissen der Intersubjektivität gesehen und in den relationalen Ansätzen wird dieser Raum als das Dritte, was zwischen zwei Subjekten entsteht, verstanden.

In der relationalen Perspektive ist ein entscheidendes Merkmal des intra- und interpersonal gedachten inneren Raumes dessen Dreidimensionalität. Diese lässt sich auch an Martin Bubers Satz »Das Ich wird am Du zum Ich« nachzeichnen: Das »Ich« ist der erste Pol, das »Du« der zweite, und das »wird« als das Geschehen wird zwischen beiden Polen zum Dritten im Bunde. Der Einzelne, der Andere und der Beziehungsraum, der auch die umgebende Kultur und Gesellschaft einschließt, erschafft den triadischen inneren Raum.

Eine solche interpersonal-relationale Sicht zeigt zunächst, dass es jenseits von Subjekt und Objekt noch etwas gibt: Die Beziehung bildet das übergeordnete Dritte. Bildlich gesprochen ist das Dreieck die Urform des Mentalen: »Ich beobachte den Anderen, wie er mich beobachtet.« Mithin ist die Intersubjektivität das Primäre vor der Dualität. Intersubjektivität schafft das Subjekt und das Objekt. Den Säugling gibt es nicht an sich, auch die Mutter nicht. Beide erschaffen sich im Feld ihrer Beziehung, wie es der englische Kinderanalytiker Donald W. Winnicott (1984 [1965], S. 50) einmal ausdrückte. Das ist die relationale Urszene: Der Blick und die Resonanz der Anderen auf mich erschaffen das Ich. In

Freuds Triebpsychologie meint die Urszene: Die sexuelle Vereinigung der Eltern erschafft das Kind.

Das intersubjektive Dreieck, in dem das Individuum entsteht, heißt »Realität – Selbst – Andere«:

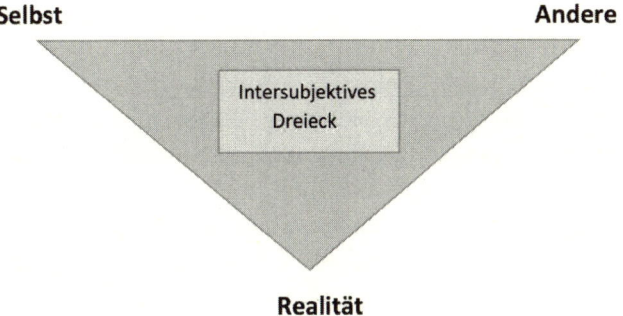

Diese relational erzeugte Realität übersteigt die Zwei-Personen-Beziehung um ein Drittes und bildet den dreidimensionalen Innenraum, der sich ständig verändert, weil er aus der sich stets wandelnden Beziehungsmatrix hervorgeht. Der innere Raum ist in dieser Sicht keine feste und unveränderliche Instanz im Subjekt, sondern die gemeinsame Erzeugung zwischen zwei in Beziehung stehenden Personen, also eher ein Prozess als ein Ort, eher eine Transformation als ein Zustand. Ein Modell für diese Beziehung ist die analytische Situation in der Therapie, die sich ständig verändert. Beide, Therapeutin und Analysand, suchen nach Bedeutungen für das, was zwischen ihnen geschieht, und versuchen, es zu benennen.

Diese Dreiheit als Strukturprinzip des relational konzipierten Raumes setzt die Subjekt-Objekt-Getrenntheit und somit eine Differenz zwischen zwei getrennten Subjekten voraus. Die Dualität bildet ihrerseits die Voraussetzung dafür, dass zwischen zwei Subjekten eine dritte Ebene, nämlich die der Beziehung, entsteht. Insofern impliziert Dualität immer schon das Triadische und das Triadische setzt Dualität voraus.

Nimmt man nun aber die Dimension des Transbewussten (ich benutze diesen Begriff synonym für transpersonal) hinzu und dringt damit in den Bereich der Nondualität vor, wird der innere Raum um eine neue Dimension erweitert. Treffend lässt sich mit Jürgen Grieser (2018) von einem vierdimensionalen Raum sprechen, einer Raumkonzeption, die die Dimension des Transpersonalen bzw. Transbewussten hinzunimmt. Warum ist dieser vierdimensionale Raum für die Psychotherapie von Interesse? Die intersubjektive Konzeption des dreidimensionalen Raumes, wie sie die Psychoanalyse bereitstellt, reicht in der Regel nicht aus, um Halt und Sicherheit angesichts des Ungewissen zu geben, das durch äußere Krisen und Unwägbarkeiten ebenso verursacht wird wie durch das Leben selbst. Unter Rückgriff auf die französische Psychoanalytikerin Julia Kristeva betont der New Yorker Psychoanalytiker und Philosoph Joel Whitebook, dass wir einen inneren Raum brauchen als funktionales Äquivalent zur Religion. Ein solcher innerer Raum, der über das Intrapsychische und Intersubjektive hinausweist, hat Julia Kristeva im Auge, wenn sie von einem »Bedürfnis zu glauben« (Kristeva, zit. n. Poppensieker, 2020, S. 300) spricht. Sie ist der Ansicht, die Psychoanalyse müsse in ihren Behandlungen auch »psychospirituelle Arbeit« (ebd.) leisten. Damit ist keine religiöse Erfahrung und schon gar keine Predigt gemeint, sondern das Ernstnehmen des Bedürfnisses, an etwas zu glauben, das größer ist als man selbst. Diese Art von Glauben berührt jenen Bereich, der als nondual bezeichnet wird und der bei der Erschließung des vierdimensionalen Raumes im nächsten Kapitel im Zentrum stehen wird.

Auch Whitebook (2014) ist der Meinung, dass es in der psychoanalytischen Arbeit zwar zunächst darum geht, den Allmachts- und Unsterblichkeitswünschen die Realität der Begrenztheit und Sterblichkeit gegenüberzustellen, aber es sollte auch eine Sphäre geben, in der Halt gebende Illusionen und Verbundenheitswünsche untergebracht werden können. Der einerseits den Säkularismus der Psychoanalyse verteidigende Whitebook betont andererseits die Notwendigkeit, »in einer säkularen Gesellschaft nach einem ›funktionalen Äquivalent‹ der Religion zu suchen« (ebd., S. 1192). Ähnliches hatte auch Heinz Kohut (1966) im Sinn, als er vom »kosmischen Narzissmus« sprach und jenen das Individuum übersteigenden Raum des großen Ganzen meinte, der zu einem tiefen Verbundenheitsgefühl führt. Die andere Dimension des Spirituellen machte in zahlreichen Arbeiten der im Buddhismus erfahrene Psychoanalytiker Ralf Zwiebel (2015, 2019; Weischede & Zwiebel, 2009) für den Dialog mit der Psychoanalyse fruchtbar. Er geht davon aus, dass die spirituelle Erfahrung einen »sicheren Ort« schafft, in dem das nonduale Bewusstsein sich mit etwas Größerem verbindet, nicht über die psychoanalytische Selbstreflexion, sondern über den spirituellen Weg der Selbsttranszendierung in einen transbewussten Raum.

In früheren Zeiten waren es die Kirchen, die diesen transbewussten Raum offenhielten. Leider sind diese Funktionen des Christentums in der Moderne weitgehend weggefallen. Entweder sind sie zu sehr mit Fragen des eigenen Machterhalts oder der Anpassung an den Zeitgeist beschäftigt oder ihre Sinnangebote entfallen ganz, wie das weitgehende Schweigen der Kirchen während der Corona-Pandemie zeigt. Außer den Aufforderungen, auf die genaue Einhaltung der Hygieneregeln zu achten, und den Hinweisen, dass das Virus nichts mit Gott zu tun habe, gab es kaum eine Sinnantwort, die das Geschehen von einem wirklich spirituellen Standpunkt aus deutete. Die Sichtweise, Gott sei im Virus, und die Angst, damit werde auch die traditionelle personale Gottesrede infrage gestellt, setzt allerdings eine nonduale und transpersonale Sicht Gottes voraus. Eine die übrigen gesellschaftlich-kulturellen Deutungen übersteigende Antwort wäre hilfreich gewesen, um neue und andere Perspektiven des Menschseins im Umgang mit der Ungewissheit zu finden (vgl. Höhn, 2021). Die meisten theologischen Deutungen erschöpften sich aber weitgehend in einer mitunter sehr pädagogischen anmutenden personalen Sicht des Handelns und der Absicht Gottes, der »uns mit dem Virus etwas sagen wolle«, wie man es gelegentlich in Predigten hört. Weil auf diese Weise viele spirituelle Fragen der Menschen offenbleiben, bedarf es anderer Orte wie die Psychotherapie, um dem Transzendierungsbedürfnis einen Raum zu geben.

Die vierdimensionale Konzeption erweitert die intersubjektive Fassung des inneren Raumes um den Aspekt des Transsubjektiven und wird uns im nächsten Kapitel beschäftigen. Zunächst aber geht es um die psychoanalytische Konzeption des inneren Raumes als Abfolge von zu bewältigenden Ungewissheiten. Darin zeigt sich die von mir vertretene Überzeugung, dass man die psychologische Ebene der Ich-Werdung nicht überspringen darf, wenn es um die transpersonale Dimension des inneren Raumes geht.

3 Der dreidimensionale innere Raum: psychoanalytische Perspektiven

Worin besteht nun der Beitrag der Psychoanalyse zur Bewältigung der Angst vor dem Ungewissen? Das Besondere der Psychoanalyse ist der Versuch, durch Introspektion zu verstehen, welche Wirkung die aktuelle Erfahrung des Ungewissen oder anderer unsicherer Situationen auf das Innere des Einzelnen hat. In der Psychoanalyse wird davon ausgegangen, dass aktuelle Notlagen, Konflikte und Symptome der Auslöser für die Aktualisierung vergangener unbewältigter und überfordernder Konfliktsituationen ist. Nur wenn man diese zugrunde liegenden Konflikte verstanden hat, kann man anders mit der je aktuellen Lage und Situation umgehen. Es ist also die Unterscheidung von auslösender Situation und zugrunde liegendem Konflikt, die ein tieferes Verstehen dessen ermöglicht, was als Angst vor dem Ungewissen aktuell erlebt wird. Diese Unterscheidung zwischen dem Auslöser und der Ursache einer Symptomatik führt in der psychoanalytischen Behandlung dazu, den zentralen zugrunde liegenden Konflikt zu erforschen und ihn in seiner Dynamik zu verstehen. Diese Bewusstmachung ermöglicht es, die sich hinter dem Konflikt verbergenden Verlusterfahrungen, Überflutungen von Angst und vor allem das Fehlen eines haltgebenden und antwortenden sicheren Objekts wahrzunehmen.

Diese Traumatisierungen führen dazu, dass der Erwachsene später im Leben versucht, die Unbeständigkeiten und Ungewissheiten des Lebens durch ein starres Anklammern an augenblickliche Befriedigungen oder durch ein oft zwanghaftes Festhalten an Sicherheit gebende Objekte zu bewältigen. Dieses Klammern und Festhalten bewirkt jedoch oft das Gegenteil: In Paarbeziehungen zum Beispiel zieht sich der Partner oder die

Partnerin zurück oder trennt sich, weil er oder sie sich vereinnahmt und funktionalisiert fühlt. Dadurch wird der innere Raum für denjenigen, der Angst hat, verlassen zu werden, und deshalb klammert, immer unsicherer und die alte Verlustangst bestätigt sich von Neuem.

Selbstreflexion: der psychoanalytische Weg zur Bewältigung des Ungewissen

Das Entscheidende ist, dass dieser hintergründige traumatische Mangel an Sicherheit und Resonanz emotional durchgearbeitet wird. Dabei werden in der Regel die Beziehung zur Analytikerin mit ihrer Fähigkeit, das Erlebte zu benennen und den Patienten in seiner Wut und Trauer zu halten, aber auch das verlässliche Setting als ein sicherer Raum erlebt. Dadurch verändert sich langsam und schrittweise der bisher brüchige innere Raum und wandelt sich zu einem sichereren Ort, der Halt und Zuversicht gibt in ungewissen Situationen. Es ist bemerkenswert, dass mit der Heilung des unsicheren inneren Raumes auch wieder Unsicherheiten durchlebt und gemeinsam ausgehalten werden können. Das Durchleben von Ungewissheit bildet die Voraussetzung, Gewissheit im Sinne eines verlässlichen inneren Raumes zu erlangen.

Wie sehr die auf Introspektion basierende Selbstreflexion hilft, einen unerträglichen und ungewissen Zustand erträglicher zu machen, zeigt folgende Fallvignette:

Eine 72-jährige Patientin hat ihren Mann nach langer Ehe, aus der zwei Kinder hervorgegangen sind, nach einer Krebserkrankung verloren. Nach einem Jahr psychoanalytischer Behandlung ist sie immer noch untröstlich über den Verlust und nicht bereit, den Abschied von ihrem Mann zu akzeptieren. Stattdessen stellt sie immer wieder die Warum-Frage und gerät dabei in einen anklagenden Ton der Welt und dem Schicksal gegenüber. Immer wieder wird die Wut in den Sitzungen thematisiert und allmählich in Trauer verwandelt, was immer nur punktuell gilt. Ich fragte mich, was es der Patientin so schwer macht, durch Trauer zu einer inneren Versöhnung mit ihrem Verlust zu kommen. Da ich auf diese Frage keine Antwort erhielt, blieb nur, die Situation mit ihr auszuhalten. Dies bewirkte, dass die Patientin mit ihrer Kindheit in Kontakt treten konnte und den jähen Verlust ihres Vaters im Alter von vier Jahren erinnerte. Sie sprach zunächst ohne Emotionen von diesem Ereignis. Weil es so traumatisch war, konnte sie es nur von ihren Gefühlen abspalten. Allmählich näherten wir uns den Verlustgefühlen und der Überforderung, die sie als Kind erfahren und ins Unbewusste abgeschoben hatte. Diese Annäherung und Bewusstwerdung ihres traumatischen Verlustes war erst möglich, als sie sich in der therapeutischen Beziehung sicher und aufgehoben fühlte und den Therapeuten als Halt gebendes gutes Objekt verinnerlicht hatte. Nach einiger Zeit sagt sie am Ende einer Sitzung: »Ich leide weiterhin am Verlust meines Mannes, aber seitdem ich weiß, womit mein Schmerz auch zu tun hat, ist es leichter auszuhalten!«

Das wäre also der erste und vielleicht wichtigste Beitrag der Psychoanalyse, wenn es um Bewältigungsformen des bedrohlich Ungewissen geht: nämlich zu verstehen, welche ungewissen Stationen der Mensch in seiner Entwicklung durchzustehen hatte. Nur wenn man die zugrunde liegenden Konflikte verstanden hat, kann man selbstreflexiv mit der je aktuellen Lage und Situation umgehen. Diese Unterscheidung von Auslöser und Ursache macht den Kern der Fähigkeit zur Selbstreflexion aus, durch die erst eine realitätsgerechtere Situationswahrnehmung und kreative Lösungen möglich werden und die uns vor einen Rückfall in angstbedingte fundamentalistische Positionen und Abschottungen bewahrt. Selbstreflexive Introspektion verlangt den Mut zur Wahrheit, das heißt den Mut, die eigenen Verletzungen anzuschauen, statt in innerseelischen Abwehrformen der Ungewissheit und Angst durch Verdrängung oder Banalisierung zu verharren. Der mutige Blick nach innen stärkt das Selbstbewusstsein, weil jemand sich seiner selbst bewusster wird. Es geht also beim Selbstbewusstsein nicht um Stärke oder kraftvolles Auftreten, sondern um die Fähigkeit, mit sich vertraut zu werden und zu wissen, was im eigenen Inneren vor sich geht (vgl. Funke, 2019a). Dazu gehört vor allem, die Ursachen und Zusammenhänge zu erkennen und zu verstehen, die zu Abwehrverhalten, Vermeidung oder Flucht führen und die das Selbstbewusstsein schwächen.

Es gibt aber noch eine weitere heilsame Wirkung der Selbstreflexion im Hinblick auf den Umgang mit dem Ungewissen. Letztlich richtet sich das Bemühen einer psychoanalytischen Behandlung darauf, Menschen zu einer inneren Versöhnung und Akzeptanz mit den Grundtatsachen des Lebens (»basic facts of life«, Money-Kyrle, zit. n. Weiss, 2013, S. 920), wie man es nennen könnte, zu bewegen. Dazu gehört, dass wir am Beginn unseres Lebens von einem guten Objekt abhängig sind, dass wir von der sexuellen Verbindung unserer Eltern und unserer Zeugung ausgeschlossen sind und dass wir endlich und sterblich sind.

Diese in den Grundtatsachen liegende Ungewissheit hat die Menschheit in ihrer Entwicklung mithilfe von Mythen, Religion und Kultur, also großen Erzählungen, zu bewältigen versucht. Darin haben die Menschen einen sicheren Ort und Raum gefunden und eine relative Gewissheit im Umgang mit dem Unbeständigen und Ungewissen erlangt. Nun ist nach dem Urteil von Philosophen mit der Postmoderne die Zeit gekommen, in der die großen, Sinn und Halt vermittelnden Erzählungen ihr Ende erreicht haben.

Der Psychoanalytiker Klaus Poppensieker (2020) weist darauf hin, dass vor allem durch den Globalisierungsschub die tragenden und sinnstiftenden großen Erzählungen ihre Plausibilität verloren haben, weil sie sich durch die Vielzahl von Sinnangeboten selbst relativieren. Eine weitere destabilisierende Wirkung geht seiner Meinung nach von der Digitalisierung aus, denn diese macht es möglich, die eigenen Sinn gebenden Überzeugungen und Theorien über das Leben beliebig neben andere zu stellen. Diese Relativierung der identitätsstiftenden Narrative nimmt dem Einzelnen den Schutzraum des Glaubens an seine Erzählung, sei sie religiöser oder säkularer Natur.

Die Folge dieser Erschütterung der Gewissheit wurde schon angedeutet: die Unterwerfungsbereitschaft unter Autoräten und Leitbilder, die als Einzelne (Politiker oder Wirtschaftsagenten) oder Gruppierungen (fundamentalistische oder extremistische Vereinigungen) wie eine mächtige Elternfigur Schutz, Dazugehörigkeitsgefühle, emotionale Sicherheit und Sinnstiftung vermittelt. Die realitätsgerechte Wahrnehmung von krisenhaften Phänomenen wie Viruspandemien, Klimakatastrophen, Migration, Sterblichkeit und Begrenztheit wird ersetzt durch illusionäre Fantasien, die oft auf Leugnung der Realität beruhen. Diese regressiven

Bewältigungsformen verhindern kreative und weiterführende Lösungen, für deren Ausgestaltung ungewisse Zeiten erforderlich wären.

Für solche Lösungen bedarf es eines inneren Raumes der Selbstreflexion und des Sich-seiner-selbst-Bewusstwerdens, der uns vor einer blinden Flucht ins Illusionäre bewahren kann. Diese reflektierende Introspektion geschieht in der Regel in einer Beziehungssituation, sei es mit einem Therapeuten, in einer Therapiegruppe oder auch in anderen Gesprächssituationen. Das introspektive Nachdenken und Verstehen, wie und unter welchen familiären Bedingungen der eigene Innenraum entstanden ist und welche schützenden Nischen er besitzt oder auch welche ihm fehlen, findet in einer sozialen Situation statt. Beziehungen sind deshalb genau der Ort, an dem sich der innere Raum weiterentwickeln kann. Sind einmal hilfreiche und antwortende Bezugspersonen verinnerlicht, kann diese Selbstreflexion auch alleine vollzogen werden, weil der Andere ja als innere Repräsentanz anwesend ist. Der reflektierende Dialog ist dann auf die innere Bühne verlagert. Man kann auch sagen, in der Selbstreflexion kommen zwei Momente zusammen: das inhaltlich-psychoanalytische Nachdenken über die Merkmale und Konstitutionsbedingungen des inneren Raumes und das Eingebundensein dieses Nachdenkens in eine Beziehungssituation, wie sie der analytische Dialog darstellt.

Beide Momente machen das speziell »therapeutische Verstehen« aus, das mehr als nur kognitives Begreifen und emotionales Bewegtsein beinhaltet. Zusammen bilden diese beiden den Kern psychoanalytischer Selbstreflexion.

Ich werde im Folgenden fünf Dimensionen des Ungewissen benennen, von deren Bewältigung in den ersten Lebensjahren die Fähigkeit zum schöpferischen Umgang mit Krisen, Konflikten, Katastrophen und Traumatisierungen abhängt. Diese Bewältigungsformen sind Bausteine, mit denen der innere Raum errichtet wird, der Schutz und Halt vor Überforderungen im Umgang mit dem Ungewissen ermöglicht. Als sicherer Ort bildet sich dieser Raum entlang bewältigter Ungewissheiten und damit verbundener Krisen und Konflikte. Seine Stabilität hängt von der Art und Weise der Bewältigung der Ungewissheit ab, der schon ein Neugeborenes, ein Säugling und Kleinkind ausgeliefert ist. Verarbeiten können sie diese nur durch eine haltende und antwortende Person, die ihnen von Geburt an dabei hilft. Ohne solch ein sicheres Objekt wäre das Neugeborene dem Untergang geweiht. Fehlt dieser innere Raum als sicherer Ort infolge von Entbehrungen, Traumatisierungen und Objektversagen, ist zu vermuten, dass wenig Bereitschaft besteht, die Begrenzungen, Unbeständigkeiten und Ungewissheiten des Lebens zu tolerieren.

Dabei gehe ich von einer durch Ungewissheit geprägten Grundstruktur des Individuums aus, die Klaus Grabska (2020) und Peter Widmer (2016) die »traumatische Verfassung« des Ichs nennen. Diese traumatische Verfassung werde ich im Folgenden anhand fünf verschiedener Dimensionen der Erfahrung von Ungewissheit durchgehen. Man könnte auch sagen, die verschiedenen Erfahrungsdimensionen von Ungewissheit konstituieren das Individuum.

1. das Ungewisse: Sein oder Nichtsein
2. das Ungewisse als Chaos der Triebe
3. das Ungewisse als das Sprachlose
4. das Ungewisse als Verlust
5. das Ungewisse als Misstrauen

Es gehört zu den wichtigsten anthropologischen Einschätzungen der Psychoanalyse, dass das Glück im Plan der Schöpfung nicht enthalten ist, wie Freud es im »Unbehagen in der Kultur« (1930a, S. 434) ausdrückt. Bestenfalls stellt sich Glück als Moment ein, als Folge einigermaßen gut bewältigter Ungewissheiten. Man könnte hier auch von der erwähnten »traumatischen Verfassung« des Ichs sprechen, die aufgrund extremer Ungewissheiten am Lebensbeginn entsteht. Diese traumatische Erfahrung wird immer dann aktiviert, wenn wir als Erwachsene mit ungewissen Situationen konfrontiert werden, die unsere Alltagsgewissheiten fundamental erschüttern, etwa durch Verlust, Krankheit, Tod.

Aus psychoanalytischer Perspektive entsteht der innere Raum als begrenzter Ausschnitt einer unbegrenzten Welt. Die Psyche bildet sich durch das Auseinandertreten von innen und außen. Indem der Säugling oder das Kleinkind allmählich lernt, sich von der umgebenden Welt zu unterscheiden, entwickelt sich eine Abgrenzung zwischen »Innen« und »Außen« – die Voraussetzung für die Entstehung eines inneren Hauses. Diese Grenzlinie zwischen Innen- und Außenwelt ist zunächst eine körperliche. Deshalb sprach Freud davon, dass das Ich zuallererst ein körperliches sei (1923b, S. 253). Vor allem durch Berührungen an und mit der Haut entsteht ein kontaktvolles Grenzgefühl, denn die Haut verbindet und trennt zugleich, sie eint und differenziert in einem.

Beim Aufbau des Innenraumes ist der Säugling auf die Präsenz einer Bezugsperson angewiesen, die es hält, versorgt, nährt, sich in das Kind einfühlt und emotionale wie sprachliche Resonanz gibt. Dies sind die unabdingbaren Voraussetzungen für die Errichtung und Stabilisierung des inneren Raumes. Entlang der genannten fünf Dimensionen der Ungewissheiten, die zur phasenweisen Entstehung des inneren Raumes führen, sollen im Folgenden die Bewältigungsformen erschütternder Ungewissheiten dargestellt werden. Man könnte sagen, diese Bewältigungsformen sind die Elemente, aus denen der innere Raum entstanden ist.

Das Ungewisse: Sein oder Nichtsein?

Die biologische Geburt stellt die erste abrupte Transformation im Leben des Menschen dar. Sie bildet eine jähe Zäsur, die begleitet ist von der wohl am tiefsten sitzenden Angst, die Menschen erleben können: der Angst vor körperlicher Auslöschung oder Vernichtung. Diese früheste Angst rührt aus der Ungewissheit, ob es nach dem Verlust der haltenden Umwelt im Mutterleib durch die Geburt etwas gibt, das uns trägt. Nicht gehalten zu werden bedeutet, in ein Nichts zu fallen und nicht länger zu existieren. Es geht für das Neugeborene tatsächlich um Sein oder Nichtsein.

Um die Bewältigungsform angesichts dieses Wechsels vom vorgeburtlichen in den nachgeburtlichen Zustand besser zu verstehen, ist es hilfreich, auf die zweite große Transformation am Ende des Lebens zu schauen, auf den biologischen Tod. Er ist die Manifestation des Ungewissen schlechthin. Sich den Tod bzw. den Zustand des Gestorbenseins vorzustellen, ist unmöglich. Der Tod ist nicht mentalisierbar und in der inneren Welt als eigene Erfahrung nicht repräsentierbar. Ähnlich unvorstellbar ist für den Fötus bzw. das Neugeborene das Leben nach der Geburt, auch dieses ist nicht als inneres Bild vorhanden und es existieren auch keine seelischen Repräsentanzen.

Der Erwachsene kann aber im Unterschied zum Fötus gedankliche Konstrukte, Fantasien, Illusionen, Bilder und Rationalisierungen bezüglich des Todes entwickeln. Diese helfen ihm, bei Todesangst einen Anker zu finden, um nicht von einer abgrundtiefen Angst überflutet zu werden. Diese Angst ist deshalb so mächtig, weil niemand die Erfahrung machen kann, einst gestorben zu sein – von Nahtoderlebnissen einmal abgesehen. Die Todesangst des Erwachsenen aktiviert genau jene Schicht, die auch beim Fötus ummittelbar vor seiner Geburt aktiviert wird. Diese frühen Ängste vor Zerstörung und Auflösung könnte man als Äquivalente des Todes sehen, als Ersatz für deren Nichtrepräsentierbarkeit (Zwiebel, 2019, S. 286). Führt man diesen Gedanken weiter, dann bildet jede Bewältigung von Ungewissheit im Sinne von Gehalten- und Beschütztwerden einen Baustein für den sicheren inneren Raum. Dieser hilft uns im späteren Leben dabei, die Sterblichkeit, Begrenztheit, den Verlust und letztlich den Tod besser zu akzeptieren, weil in diesem Raum auf die frühen Abwehrformen verzichtet werden kann.

Wir Menschen sind die einzigen Lebewesen, die die eigene Existenz nicht einfach fraglos hinnehmen, sondern diese mit Sinn und Bedeutung füllen möchten. Auf unser Leben können wir nicht von einem objektiven Standpunkt außerhalb unserer Existenz schauen, sondern immer nur von einem Punkt innerhalb unserer Existenz. Deshalb gibt es unterschiedliche Perspektiven, die sich nicht ausschließen, sondern ergänzen. Ich greife hier die Vorstellung vom Tod auf, weil sie für den erwachsenen Menschen ein ähnliches Problem darstellt wie der »Tod« als das Ende des intrauterinen Lebens für den Fötus. Über diesen Vergleich kann man sich vorstellen, welcher Not ein Neugeborenes ausgeliefert ist, ohne dass es dazu einen direkten Zugang hat.

Der Vergleich von Geburtsangst und Todesangst kann helfen, sich vorzustellen, was im Neugeborenen vorgeht. Für die meisten Menschen ist nicht der Tod an sich ein Problem, sondern der des eigenen Ichs. Nicht mehr zu existieren ist vom Standpunkt der eigenen Existenz aus schwer vorstellbar, denn wie gesagt können wir nicht objektiv von außen auf unser Dasein schauen. Deshalb wirft der Tod Fragen auf und deshalb ist auch die Angst vor dem Tod eine Erfahrung, die den meisten Menschen vertraut ist. Dieses erschreckende Gefühl, dass der Gedanke an den jederzeit möglichen Tod auslöst, bezieht sich nicht nur auf die reaktive Angst, die wir in lebensbedrohlichen Situationen wie etwa bei einem Unfall, einem Naturereignis oder einer plötzlichen schweren Erkrankung verspüren und die sich wie bei Tieren unmittelbar auf die Integrität des Körpers bezieht.

Neben dieser körperlichen Bedrohung gibt es noch eine andere typisch menschliche Angst. Sie bezieht sich auf die Tatsache der Begrenztheit der menschlichen Existenz. Die Vorstellung, eines Tages nicht mehr da zu sein, kränkt nicht nur das menschliche Bedürfnis nach Unendlichkeit, sondern löst auch Angst aus, in ein Nichts zu fallen, verloren zu sein, ohne Beziehung und Halt unterzugehen. Natürlich sind diese katastrophischen Ängste irrational, denn Halt, Beziehung und dergleichen sind die Vorstellungen eines Lebenden, die gerade durch den Tod ihre Bedeutung verlieren. Der Tod, die Angst vor ihm und die Bewältigungsversuche dieser Angst haben also etwas mit einer bestimmten Überzeugung zu tun, genauer mit dem bewussten Bild, das wir von unserer eigenen Sterblichkeit haben. Ein gereiftes Bewusstsein hat die Kränkung durch Begrenztheit und Sterblichkeit integriert.

Bleiben wir noch einen Augenblick bei der Parallele zum Erleben des Säuglings. Was für den Erwachsenen die Kränkung durch die Begrenztheit der Sterblichkeit darstellt, ist für den Säugling die Begrenzung der Realität, der er sich nach der Geburt in der Welt ausgesetzt sieht. Denn vor der Geburt gibt es in diesem Sinne für den Fötus noch keine Realität, weil er sich als Teil dieser Realität empfindet und nicht von ihr getrennt. In diesem Zustand gibt es noch keine Versagung, keinen Verzicht und keinen Mangel. Erst später muss die Mutter ihrem Kind eine solche Realität zumuten, weil sie ja selbst ein begrenzter Mensch ist. Die Realität entsteht in dem Augenblick, in dem sich innen und außen zu differenzieren beginnen. Für den Säugling steht dann die Aufgabe an, die Welt des Wohlbehagens und des Mangels in das eigene Selbst zu integrieren. Näher werden wir uns hiermit noch beim Aufbau des inneren Raumes beschäftigen. Schauen wir uns zunächst diese tiefste Schicht der Ungewissheit an, die ihren Ursprung im Verlassen der schützenden und bergenden Welt des Uterus hat und wie sie sich für den Klassiker der Geburtsangsttheorie, Otto Rank, darstellte.

Otto Rank war mit seinem Werk *Das Trauma der Geburt* (1998 [1924]) in der frühen Psychoanalyse der Erste, der das Augenmerk systematisch auf die Erlebnisse eines Säuglings rund um seine Geburt und deren Bedeutung für seine weitere Entwicklung richtete. Seine Ideen waren damals so revolutionär, dass sie bald aus dem Common Sense der Psychoanalyse ausgeschlossen wurden. In der heutigen pränatalen Psychologie finden sie aber zunehmend mehr Beachtung, und zwar ebenso im Bereich der Psychotherapie früher Störungen wie der Psychoanalyse kultureller Phänomene.

Ich fasse hier die Position Ranks zusammen, wie ich sie in meinem Buch *Die Dritte Haut* (Funke, 2006) dargestellt habe: Rank beobachtete in seinen Therapien, dass Patienten in der Beziehung zum Therapeuten die vorgeburtliche Urbeziehung suchten, also sich zurücksehnten in die Zeit vor der dramatischen Verlusterfahrung durch die Geburt. Rank deutete diese Übertragungsmanifestationen nicht als bloße Regressionsphänomene etwa im Sinne der geläufigen Freud'schen Mutterleibsfantasien, sondern als Reaktionen auf ein reales Trauma (Rank, 1998 [1924], S. 9). Für Rank war es dieser grundlegende Verlust von Gewissheit, der den Kern der traumatischen Verfassung des Subjekts bildet.

Man könnte gegen die Allgemeingültigkeit dieser These einwenden, dass die Angstzustände von Babys zu Zeiten Ranks viel intensiver waren, da die Mütter – aufgrund ihres fehlenden Wissens über die Bedeutung ihrer haltenden und antwortenden Präsenz für die psychische Entwicklung ihres Kindes – sie stärkeren Angstzuständen überließen. Das zeigt sich schon im unterschiedlichen Umgang der Mütter mit ihren schreienden Kindern. Während früher das Schreien des Säuglings nicht als ernst zu nehmende Not wahrgenommen werden konnte, ja diese sogar noch rationalisiert wurde durch Vorstellungen wie »Schreien stärkt den Charakter« oder »Schreien reinigt die Lungen«, lehrte Rank, dass Babyschreien ein Ausdruck unverarbeiteter Angst sein kann, die während des Geburtsvorgangs entstanden ist (vgl. ebd., S. 14–30).

In der psychoanalytischen Bewegung konnten sich die Einsichten Ranks über die Bedeutung der Geburtsangst und deren Kompensation als Basis für die Entstehung der Psyche und deren Störungen aber zunächst nicht durchsetzen. Vielmehr ging man wie Freud davon aus, dass es durch die mit der Geburt verbundenen traumatischen Erfahrungen noch zu keiner inneren Repräsentation kommt, da die neuronale Ausstattung noch nicht so weit entwickelt ist, dass die Angst psychisch erlebbar wäre. Die Nichtrepräsentierbarkeit des Ungewissen wird aus heutiger traumatheoretischer Sicht genau als die Ursache dafür angesehen, dass der durch die Geburt hervorgerufene Zustand völliger Unsicherheit so vernichtend erlebt wird, weil es hierüber eben kein Nachdenken und keine Verständigung gibt. Das bedeutet aber nicht, dass der Zustand der Ungewissheit nicht erinnert wird, nur eben nicht neuronal. Nach heutigem Verständnis gehen wir davon aus, dass nicht nur die neuronalen Zellen des Gehirns »erinnern« können, sondern alle Zellen des Körpers ein Gedächtnis haben. Die Zellen sind interaktiv miteinander verbunden, sodass eine Zelle »weiß«, wie es der Anderen geht. Aus diesem Zusammenspiel ergibt sich ein ganzheitlich-intuitives Körpergedächtnis. Das Erleben von Ungewissheit führt daher zur Aktivierung dieser vorsprachlichen »Erinnerung« und überschwemmt den Einzelnen geradezu mit Vernichtungsangst (vgl. Funke, 2006, S. 187–195).

Nach Rank hat diese Angst eine physiologische Grundlage, die im schwierigen Geburtsvorgang und der damit verbundenen Atemnot wurzelt. Biologisch gesehen wird ein Kind unter besonderen anatomischen Verhältnissen geboren, denn die menschliche Geburt verläuft im Gegensatz zu der anderer Primaten problematischer und ist mit einem Risiko von Schädigungen verbunden, und zwar in einem weit höheren Ausmaß, als ein rein natürlicher Vorgang zunächst vermuten lässt. Das irritiert vor allem Menschen mit einer romantischen und naiven Vorstellung von Natur, nach der das, was natürlich ist, auch gut ist.

Wie es zu solch traumatischen Geburtserfahrungen kommt, wird verständlich, wenn man die evolutionäre Besonderheit der menschlichen Geburt in der Stammesgeschichte des Menschen mitbedenkt, die verschiedene Anforderungen zu integrieren hatte: Die Hirnentwicklung und das immer größer werdende Schädelvolumen erforderten eine Vergrößerung des Geburtskanals, aber die Entwicklung zum aufrechten Gang setzte einen engen und festen Beckenring und eine Einbuchtung durch die S-förmige Wirbelsäule voraus (vgl. Janus, 1997, S. 26). Die Folgen dieser Quadratur des Kreises sind kompliziert und werden von Ludwig Janus, einem wichtigen Vertreter pränataler Psychologie, wie folgt zusammenfasst:

> »Anders als bei anderen Primaten und allgemein bei Säugetieren, konnte das Kind nicht einfach bei der Geburt herausrutschen, sondern musste sich bei dem querovalen Beckeneingang und längsovalen Beckenausgang in einer komplizierten Weise durch den gebogenen Geburtskanal hindurch

winden. Bei fast gleich großem Becken- und Kopfdurchmesser von etwa 10 cm wird jede zusätzliche Einengung zur gefährlichen Behinderung. Das können schon die Verspannungen wegen der Verunsicherung der Mutter durch eine uneinfühlsame Geburtshilfe sein, wie etwa eine programmierte Geburt sie auslösen kann. Wenn die Mutter entspannt ist und sich unterstützt fühlt, hat das Kind durch die Lockerung der Knorpel der Symphyse und der Darmbein-Kreuzbein-Gelenke deutlich mehr Raum. Trotzdem ist der Ablauf der Geburt beim Menschen, im Gegensatz zu anderen Säugern, auf eine gewisse Verformbarkeit des Kopfes angewiesen, was durch das Offenbleiben der Schädelnähte möglich ist« (Janus, 2000, S. 18).

Mit der geburtstraumatischen Erfahrung und deren Verarbeitung glaubte Rank, das psychobiologische Substrat der Freud'schen Urfantasie über das Leben im Mutterleib entdeckt zu haben. Der Verlust dieses »ozeanischen Gefühls« durch die Trennung der Geburt ist so traumatisch, dass sie nur durch Verleugnung und Fantasiebildung, das heißt durch den Wunsch nach Rückkehr in die vorherige Lustsituation des intrauterinen Lebens bewältigt werden könne (Rank, 1998 [1924], S. 499).

In Ranks Werk sticht immer wieder eine gewisse Idealisierung des vorgeburtlichen Zustandes hervor. Die vorgeburtliche Lebenszeit ist jedoch keineswegs friedlich und harmonisch: Es handelt sich aufgrund des vor fast 100 Jahren fehlenden Wissens über den intrauterinen Zustand um eine eindeutige Wunschvorstellung, die die reale Situation verleugnet. Es fällt auf, dass Rank von einer eigentümlichen Gegenüberstellung ausgeht: auf der einen Seite das angenehme Leben im Mutterleib, auf der anderen Seite die traumatische Geburt.

Diese Polarisierung ist mit den Forschungsergebnissen der modernen pränatalen Psychologie und Medizin nicht mehr vereinbar. Während sich Rank den vorgeburtlichen Zustand des Ungeborenen passiv und abhängig vorstellte, kommen die heutigen Forschungen zu dem Ergebnis, dass der Fötus keineswegs nur hilflos und passiv ist, weil der Beginn aller vorgeburtlichen Entwicklungsphasen immer früher angesetzt wird. Dies gilt insbesondere für die Entwicklung des Gehirns und für die Reifung des sensorischen Apparates. Gegen Ende der ersten drei Monate sind Nervensystem und Sinneswahrnehmung so weit entwickelt, dass das Ungeborene auf Berührungen seiner Handflächen mit einer Greifbewegung, auf Berührung seiner Lippen mit Saugen und auf Berührung seiner Augenlider mit einem Blinzeln reagiert. Wird in dieser Zeit der Bauch der Mutter mit einem hellen Licht angestrahlt, dreht der Fötus seinen Kopf vom Licht weg, weil das Sehvermögen schon gut entwickelt ist. Das Gehör entwickelt sich in den ersten drei Monaten noch besser. Die Bewegungen und der Herzschlag des Fötus steigern sich, wenn es in der Nähe des Bauches der Mutter ein lautes Geräusch gibt. Die Fähigkeiten des Fötus, fühlen, sehen, riechen, hören und schmecken zu können, lassen die alte Auffassung vom schmerzunempfindlichen, passiven Fötus ebenso als einen Mythos erscheinen wie die Meinung, der Mutterleib sei ein ruhiger, geschützter, paradiesischer Ort des Wohlbehagens und der Harmonie, an den der Mensch später immer wieder zurückkehren wolle. Realistischer ist anzunehmen, dass der Mutterleib sowohl als angenehmer als auch als schmerzhafter Ort erlebt wird.

Dieses doppelte Erleben ergibt sich aus den angenehmen Momenten, in denen die Fruchtblase noch ziemlich geräumig ist und der Fötus einmal friedlich dahin treibt, während er ein anderes Mal energisch um sich tritt, Purzelbäume schlägt, seufzt und aufgeregt ist. Die fötalen Aktivitäten entfalten sich in regelmäßigen, etwa 45-minütigen Aktivitätszyklen, die sich in enger Koordination mit den aktiven Phasen der Mutter herausbilden. Der mütterliche Einfluss ist in dieser Zeit so intensiv, dass Zigarettenrauch beispielsweise beim Fötus zu einer sinkenden Versorgung mit Sauerstoff führt, der durch den Anstieg des Kohlendioxids verdrängt wird, was das Ungeborene durch die Steigerung seiner Atmungsgeschwindigkeit auszugleichen sucht. Der Fötus gerät nicht nur in Not, wenn die Mutter raucht oder trinkt oder andere Drogen nimmt, er wird auch durch Emotionen der Mutter wie Angst, Wut oder Depression physisch und psychisch beeinflusst, wie die umfangreiche Literatur der letzten Jahre zu diesem Thema beweist (vgl. Hüther & Krens, 2005).

Der Psychohistoriker Lloyd deMause (2000) weist darauf hin, dass vor allem im dritten Trimester der Schwangerschaft der Mutterleib vom Fötus zunehmend als Ort der Not und des Schmerzes wahrgenommen wird. Länge und Gewicht des Ungeborenen haben sich derart vergrößert, dass es sich mit der Zeit immer eingeengter fühlt und deshalb mehr Stress ausgesetzt ist. Die Fähigkeit der Plazenta, den Fötus zu ernähren und sein Blut mit Sauerstoff zu versorgen, nimmt ab, da diese das Wachstum einstellt, hart und faserig wird, ihre Zellen und Blutgefäße degenerieren und sich mit Blutklümpchen und Verkalkungen füllen. Die Folge ist, dass der Sauerstoffmangel so stark zunimmt, dass ein Erwachsener in vergleichbaren Umständen ohnmächtig würde. Mit dem Näherkommen der Geburt steigt das fötale Bedürfnis nach Sauerstoff, Nahrung und Reinigung des Blutes und die Stresssituation wegen der einsetzenden Kontraktionen der Mutter werden schmerzhafter. Der Sauerstoffmangel nimmt drastisch zu und der Fötus stellt sich nun in der Regel dem Kampf um Leben und Tod. Unter diesen Umständen lässt sich die Geburt auch als Befreiung verstehen und keinesfalls nur als Trauma durch Trennung und Verlust.

Nimmt man diese beiden Aspekte zusammen – einmal Ranks Ansicht vom Paradiesverlust und andererseits deMause' Verständnis von der Gefahr, in diesem Paradies zu ersticken –, werden die zwei Seiten der Grundangst beim Verlust von Gewissheit sichtbar: die Angst vor Vernichtung durch den zu engen Raum, die sich als Angst, verschluckt und aufgefressen zu werden, ausdrücken kann, und die Angst vor dem Absturz ins Leere, der Bodenlosigkeit und dem Nichts.

Die Theorie von der dynamischen Wirksamkeit der unbewussten Grundängste bezüglich der Geburt ist die Ursache für das aktivierte Bedürfnis nach Wiederherstellung von Gewissheit, die durch die Erfahrungen vor und während der Geburt verloren geht. Ich möchte abschließend zu dieser ersten Dimension von Ungewissheit noch einmal Rank zu Wort kommen lassen, der die Kultur als Versuch der Wiederherstellung von Gewissheit versteht.

Mit großem Scharfblick untersucht er mythologisches Material und sieht im Heldenmythos, wie er in vielen Kulturen vorkommt, den Versuch, den Verlust von Gewissheit durch die Geburt zu kompensieren. Schon die Geburt des Helden – Aussetzung, Tötungsversuch, Verwahrlosung – deutet auf ein schweres Trauma hin, welches durch alle möglichen Heldentaten reinszeniert wird und auf diese Weise bewältigt werden soll. Typische Motive für die Wiedergewinnung von Gewissheit zeigen sich unter anderem in Form der unverwundbaren Hornhaut und der Tarnkappe des Drachentöters Siegfried, im schützenden Aufenthalt Jonas im Leib bzw. Bauch eines Wals sowie in den Erlösungs- und Erwählungsfantasien bei Jesus. Diese Attribute erweisen sich als eine Art Daueruterus, der den Held schützend umgibt. Die Entstehung dieses Urtyps von Mythos hat auch eine kollektive Dimension im kulturellen Gedächtnis der Menschheit, so wie die durch klimatische Veränderungen notwendig gewordene Völkerwanderung im alten Griechenland: Die Trennung vom heimischen Mutterboden und die Neuansiedlung an fremden Küsten in Süditalien deutet Rank als Wiederholung des Geburtstraumas, das die Bildung von Mythos und Kunst als dessen Bewältigungsformen begünstigt. Heute würde Rank wahrscheinlich auch die großen Migrationen als kollektive Wiederholung einer geburtlichen Urangst interpretieren.

In Ergänzung zu Rank sei darauf hingewiesen, dass der Befreiungsaspekt der Geburt, wie ihn deMause betont, in den Mythen zum Ausdruck kommt, in denen der Verlust von Sicherheit als Zugewinn von Autonomie und Freiheit interpretiert wird. Als Urtyp dieser Befreiungserzählung kann der berühmte Exodusbericht gelten, der im Alten Testament überliefert ist: Die Trennung von den ägyptischen »Fleischtöpfen« (Ex 16,3) führt die Gruppe der Hebräer aus dem »Sklavenhaus« Ägypten in die Freiheit der eigenen Existenz und wird vor allem als Emanzipationsschritt zur Abhängigkeit gesehen.

Beide Aspekte kommen im kulturellen Akt des Bauens zum Tragen. In dieser abgrenzenden und zugleich schützenden Tätigkeit sucht der Mensch, einen inneren Raum zu erschaffen, der die einstige Einheit mit der umgebenden Natur wiederherstellen kann. Die Motivation, dieses Verbundenheitsgefühl in der Errichtung eigener Wände wiederherzustellen, liegt nach Rank im vorgeburtlichen Zustand der Gewissheit und Geborgenheit, die einst durch den Verlust dieses schützenden Raumes verloren ging und im künstlerischen Akt wieder erneuert werden soll.

Die Trennung dieser beiden Aspekte rund um das pränatale Leben muss vom heutigen Wissensstand aus betrachtet zurückgewiesen werden. Die simple, in der Psychoanalyse lange Zeit vorherrschende Auffassung eines Gegensatzes von Einssein (Zustand vor der Geburt) und Getrenntsein (Zustand nach der Geburt) ist so nicht haltbar. Von Anfang an sind die befruchtete Samenzelle, der Embryo und der Fötus eine vom mütterlichen Organismus geschiedene Einheit, wenn es auch dichte Momente der Symbiose gibt. Es besteht also von Beginn an eine bezogene Polarität von Getrennt- und Verbundensein. Der Fötus ist Teil eines größeren Ganzen und gleichzeitig selbst ein Ganzes, von dem der mütterliche Leib ein Teil ist, ein Teil-Ganzes eben.

Wenn man dies über Rank hinaus mitbedenkt, wird der zweite Aspekt der künstlerisch wiederherzustellenden All-Einheit plausibel: Es handelt sich nämlich keineswegs um eine nostalgische Aktivität, die regressiv etwas Verlorenes zu finden glaubt, sondern gleichzeitig um eine selbstschöpferische Tätigkeit im Sinne einer Neuschöpfung. In dieser die intrauterine Vergangenheit übersteigende Neuschöpfung sieht Rank die ursprüngliche Kreativität des Menschen begründet. Seine These vom kreativen Charakter des Menschen in Bezug auf die Bewältigung nachgeburtlicher Ungewissheit ist besonders in zukunftsunsicheren Zeiten eine Ermutigung, kreativ neue Formen zu finden, um den Alltag zu gestalten und der Angst vor dem Nichtsein die Kraft des Schöpferischen entgegenzustellen. Dabei kann Donald W. Winnicotts (1974 [1971]) Blick auf den Säugling ein Modell darstellen: Der Säugling schafft sich sogenannte Übergangsobjekte, um die Angst vor dem Verlassensein zu bewältigen. Er mobilisiert seine Kreativität, um dem Nichtsein etwas entgegenzusetzen.

Ungewissheit als Chaos der Triebe

Aus dem unbegrenzt ozeanischen Zustand, der nach der Geburt eine Zeit lang durch die haltende und nährende Mutter fortgesetzt wird, bildet sich allmählich eine Grenze zur Außenwelt: Diese Linie scheidet innen von außen und lässt die erste Einfassung des inneren Raumes entstehen. Durch die Grenzziehung wird einerseits die Entstehung eines sich aus dem Einheitszustand entwickelnden Ichs ermöglicht, andererseits wird der Verzicht des Ichs auf das allumfassende Verbundenheitsgefühl mit der Umwelt nötig.

Erste Isoliertheits- und Einsamkeitsempfindungen sind der Preis, den das werdende Individuum für das Gefühl seiner Einmaligkeit und Individualität zu zahlen hat. Reste dieser Sehnsucht nach Allverbundenheit bleiben im Ich erhalten und erzeugen die Vorstellung, dass Trennung und Isolierung nicht die letzten Realitäten sind, sondern dass wir Hoffnung und Zuversicht dem quälenden Gefühl der Verlorenheit und Isoliertheit entgegensetzen können. Die Fähigkeit des Erwachsenen, die Abgegrenztheit und Einsamkeit des Ichs hinter sich zu bringen, wurzelt psychoanalytisch gesehen in diesem nicht aufgegebenen Rest an Verbundenheits- und

Einheitserfahrung mit der Umwelt und lässt die kreative Illusion entstehen, dass der Raum des Einsseins nicht verloren ist.

Die Grenzziehung von Innen- und Außenwelt entspricht in etwa der Unterscheidung von Bewusstem und Unbewusstem. Während im Unbewussten alles möglich ist und grenzenloses Wohlbehagen und jede Wunscherfüllung an der Stelle des Realitätsprinzips stehen, besteht die emotionale Reifung darin, den Wunsch- und Illusionscharakter dieser Wünsche anzuerkennen. Erst so lässt sich ein psychischer Raum schaffen.

Der englische Psychoanalytiker Wilfred R. Bion (1970) beschreibt die Entstehung dieses Raumes als Übergang von einer Vieldimensionalität zur Dreidimensionalität. Letztere ist bestimmt durch ein bewusstes Wahrnehmen und Denken, das vor allem in der Anerkennung der die Wünsche begrenzenden Realität besteht, die das Aushalten von Enttäuschungen über diese Begrenztheit ermöglicht. Diese ursprüngliche Vieldimensionalität des inneren Raumes verweist auf die überbordende Fülle von triebhaften Wünschen und Begehren, denen sich der Säugling orientierungslos ausgesetzt sieht. Da er nur wenig von Instinkten geleitet ist, braucht er Unterstützung von außen, um sich in dieser chaotischen Welt des triebhaften Begehrens zurechtzufinden. Und jede Strukturierungshilfe, die er von der Mutter erfährt, bereitet ihm zunächst Enttäuschung, da seine Wünsche nicht alle erfüllt werden. Diese Enttäuschung ist aber die notwendige Voraussetzung, damit ein innerer, durch Grenzen bestimmter Raum entstehen kann, ohne den der Säugling der Welt der triebhaften Impulse hilflos ausgeliefert wäre.

Um diese zunächst unbegrenzte Welt des Begehrens zu kennzeichnen, spricht Freud (1905d, S. 91) von einer »polymorph perversen« Anlage der Triebe. Erst durch Normierung und Begrenzung erhält diese Triebwelt eine innere Gestalt, die dem Einzelnen später ermöglicht, einen Ausgleich zwischen seinen Wünschen und der Realität zu finden. Das Überich bzw. Ichideal repräsentiert für Freud jene innere Instanz, die dem werdenden Subjekt die Normen, Forderungen und Tabus der Kultur und Gesellschaft vermittelt. Auch in der Beziehung zur sozialen Umwelt, die über die reine Mutter-Kind-Zweisamkeit hinausgeht, spiegelt sich die Dreidimensionalität des inneren Raumes wider.

Die Entstehung des inneren Raumes lässt sich demnach zunächst als Umwandlung der Ungewissheit angesichts der Überschwemmung durch Triebwünsche verstehen, die durch die strukturierende Hilfe der Mutter möglich wird. Freud stellte sich die Entwicklung dieses inneren Raumes aus der Perspektive einer Ein-Personen-Psychologie vor: Auf der inneren Bühne des werdenden Subjekts entsteht die Struktur des seelischen Innenraums durch die Umwandlung unbewusster infantiler Wünsche in bewusstes realitätsbezogenes Wahrnehmen. Diese Bewusstwerdung ist von Anfang an ein ambivalentes Phänomen: Sie ermöglicht sowohl die Befriedigung und Erfüllung der Wünsche als auch den bewussten Verzicht auf diese Befriedigung, wenn es um andere wichtige Ziele geht. So kann jemand auf sexuelle Triebbefriedigung verzichten, um beispielsweise nicht die Beziehung zu seinem Partner zu gefährden. Dieser bewusste Verzicht zeichnet das reife Ich aus. Es ist nicht der Verzicht auf Befriedigung, der Neurosen begünstigt – so eine Annahme, die der Psychoanalyse oft unterstellt wird –, sondern dass dieser Verzicht unbewusst und ohne scheinbare Alternative passiert, da er vom Überich gefordert wird, ohne dass das Ich die Chance hätte, sich bewusst dafür zu entscheiden.

Halten wir also fest: Der innere Raum als Ort des Schutzes vor überfordernder Ungewissheit bildet sich durch die schrittweise Loslösung des Säuglings aus dem ozeanischen Meer heraus. Dadurch wird er zu einer eigenen abgegrenzten Einheit und steht als solche der Welt gegenüber. Es entsteht Dualität, Subjekt und Objekt treten auseinander. Jeder spätere Rückfall in den Zustand des Ozeanischen bleibt für Freud eine pathologische Regression, die sein Ideal von der Autonomie des Subjekts gefährdet. Erwachsenwerden heißt für ihn, die kindlichen Wünsche nach Einheit und Symbiose zu überwinden. Getreu seinem Ideal der Ich-Autonomie drückt er dies in dem berühmten Postulat aus: »Wo Es war, soll Ich werden.« Ich habe schon darauf hingewiesen, dass diese Bewertung Freuds unter anderem in seiner biografisch bedingten eigenen Abwehr des Mütterlichen-Ozeanischen begründet liegt.

Die Dreidimensionalität des Freud'schen inneren Raumes drückt sich auch in der triadischen Struktur seines Persönlichkeitsmodells aus, das er 1923 formulierte und das aus den drei Instanzen Ich, Überich bzw. Ichideal und Es besteht.

Zwischen den drei Polen besteht eine dynamische Beziehung, die den inneren Raum bildet und das seelische Leben bestimmt:

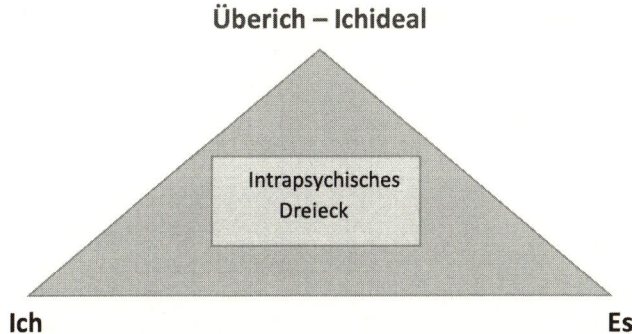

Dieser Innenraum ist aus Freud'scher Perspektive stark geprägt von dem, was unbewusst geschieht. Dieses unbewusste Geschehen zieht seine Macht aus dem Verdrängten. Letzteres lässt sich sowohl intrapersonal als auch interpersonal verstehen: Aus intrapersonaler Sicht – also mit Blick auf die innere Bühne – bestimmen Überich bzw. Ichideal über das, was verdrängt bzw. zugelassen wird. Als Beispiel kann man sich ein Kind vorstellen, das Angst hat, die Sicherheit gebende Beziehung zu den Eltern zu gefährden, wenn es seine Aggression ihnen gegenüber zeigen würde. Also entwickelt es ein Ideal von sich, ein besonders gutes und braves Kind seiner Eltern zu sein. Aus diesem Ichideal bezieht es einerseits eine narzisstische Aufwertung seiner eigenen Person, nämlich etwas Besonderes zu sein; es verdrängt aber andererseits die Aspekte seines emotionalen Lebens, die diesem Ideal nicht entsprechen, zum Beispiel Ärger und Wut zu erleben und zu zeigen.

Aus interpersonaler Perspektive entsteht diese Unbewusstheit also aus der Beziehungsdynamik zwischen Eltern und Kind. Diese interpersonale Beziehungserfahrung wird vom Kind verinnerlicht und zeigt sich dann im inneren Raum als Instanz des Ichideals, das die weitere Verdrängung bzw. Abspaltung von all den Anteilen bewirkt, die diesem idealisierten Selbstaspekt nicht entsprechen.

Dieser dynamische Aspekt wird oft übersehen, wenn man etwas verdinglicht von dem »Unbewussten« spricht. Das Substantiv »das Unbewusste« trägt dann zum Missverständnis dieses Konzepts bei. Es erzeugt die Illusion, als gäbe es das Unbewusste im Sinne einer abgrenzbaren Identität. Werner Bohleber (2013) hat deshalb vorgeschlagen, das Bewusste und das Unbewusste nicht als zwei getrennte Entitäten zu verstehen, sondern sich bewusst und unbewusst als Kontinuum vorzustellen, bei dem die Übergänge fließend sind, ähnlich wie die zwischen dem Ungewissen und dem Gewissen.

Auch gegenüber einer alltagssprachlich, eher beschreibend-deskriptiven Seite des Unbewussten und der dadurch erzeugten Normalisierung dieses Begriffs (»das ist mir nicht bewusst« oder »mein Unterbewusstsein spielt da nicht mit«) weist dieses Konzept bei Freud einen dynamischen sowie kultur- und gesellschaftskritischen Aspekt auf. Es geht immer auch um gesellschaftliche Interessen, die zur Unbewusstmachung führen. Sie werden über die Reaktionsweisen der Eltern und deren Handlungsangebote in das Kind hinein sozialisiert, ohne dass dies bewusst wird. So entscheiden zum Beispiel die gesellschaftlichen Normen bezüglich des Umgangs mit Körperlichkeit darüber, welche nonverbalen Botschaften die Mutter dem Kind vermittelt, wenn sie den Säugling nährt, pflegt und be-handelt.

Die Haut ist das körperliche Organ, das auch für die psychologische Ich-Grenze steht und unseren seelischen Innenraum nach außen abgrenzt und nach innen öffnet. Die Stimulierung der Haut durch Berührung lässt im Säugling ein erstes Gefühl von Getrennt- und zugleich Verbundensein entstehen. Diese durch Körperkontakt ermöglichten Gefühle sind die Voraussetzung, um zwischen innen und außen zu unterscheiden und durch diese Differenzierung Ordnung in das Chaos zu bringen. Weil der Körperkontakt so wichtig ist, macht es Sinn, darüber zu spekulieren, welche unbewussten Auswirkungen die sozialen Distanzgebote der Corona-Pandemie im Hinblick auf die Berührung und den körperlichen Kontakt der Eltern untereinander und zu ihrem Kind haben könnten. Da unser Ich vor allem ein körperliches ist, wird die Struktur des inneren Raumes auch von den jeweiligen gesellschaftlichen und kulturellen Werten hinsichtlich des Umgangs von Körpern bestimmt.

Wie sehr ein Säugling ein mütterliches Objekt im Außen braucht und sich dessen bedient, um erste Schritte hin zu einer Strukturierung des inneren, triebhaften Chaos machen zu können, möchte ich anhand des Ansatzes von Melanie Klein (1983 [1962]) aufzeigen. Die unerfüllten Wünsche des Säuglings führen zu einer für ihn unerträglichen, diffusen

Situation, in der Hilflosigkeit und Ungewissheit angesichts der Über-schwemmung von Wünschen herrschen. Seine Wut und Destruktivität, weil er die Enttäuschung über deren Nichterfüllung noch nicht verarbei-ten kann, wird von ihm nach außen in ein Gegenüber projiziert und in einen begrenzten Konflikt umgewandelt, der an der Mutter festgemacht wird. Die Reduktion von Diffusität besteht in der Sprache Kleins zunächst in der Aufspaltung der Mutter in eine »gute« und eine »böse« Brust. Dies bedeutet für den Säugling eine Entlastung, weil seine Wut jetzt ein Objekt hat und durch dieses Objekt eingegrenzt wird, mithin eine erste strukturierende Aktivität erfolgt ist. Genau dies hat Klein (2001 [1946]) mit ihrer »schizoid-paranoiden Position« gemeint.

In dieser Entwicklungsphase wird der spätere Mechanismus der Spal-tung und Projektion geprägt, der aktiviert wird, sobald ungewisse Situa-tionen in einem Menschen Gefühle von Hilflosigkeit und Ohnmacht erzeugen. So lässt sich auch in der Corona-Pandemie beobachten, wie Ungewissheit und Angst in Bezug auf das Virus dadurch zu bewältigen versucht wird, dass Politiker, Virologen oder andere Mitmenschen als Verschwörer beschimpft werden und so als Sündenböcke fungieren, von denen man sich abgrenzen muss. Dadurch kann man sich nun zu einer eigenen Gruppe als »die Guten« zusammenschließen. Der Preis für diese Spaltung als Bewältigungsversuch des Ungewissen ist aber hoch: Es ent-stehen Feindbilder, die bekämpft werden müssen und eine tiefe Spaltung der Gesellschaft erzeugen. Ein Szenarium, das in der eingangs erwähnten Apokalypse des Johannes vorgezeichnet ist.

In der Theorie Kleins stellt die sogenannte »depressive« Position die nächste Reifungsstufe dar, in der die Destruktivität und Wut des Säug-lings nicht mehr durch eine fantasierte Verfolgung und Vernichtung des vermeintlich bösen Objekts bewerkstelligt werden kann, sondern durch die Trauer darüber, dass vollkommene Befriedigung nicht möglich ist. Auf diese Weise werden die »gute« und die »böse« Brust der Mutter als zu ein und derselben Person gehörig erlebt. Das bedeutet, dass an die Stelle der Spaltung in zwei Mütter, einer »guten« und einer »bösen« Mutter, die Ganzheit der Mutter tritt. Diese neue Sicht des Kleinkindes ist das Ergebnis einer produktiven Trauerarbeit, durch die das Kind zu akzeptie-ren lernt, dass die Mutter nicht nur gut ist und einem Idealbild entspricht, sondern eben auch versagende und enttäuschende Seiten hat.

Diese Umwandlung der Spaltung in eine ganzheitliche Sichtweise ist die Voraussetzung, Ungewissheit zu ertragen, das bedeutet, neben der Angst auslösenden Seite des Ungewissen gleichzeitig auch die Chance und Hoffnungsperspektive, die das Ungewisse mit sich bringt, zu erkennen. So wird ein Umgang mit ungewissen Situationen möglich, ohne in der Angst unterzugehen oder die Gefahr und Unsicherheit mithilfe von Größenfantasien (»Mir kann doch nichts passieren!«) abzuwehren oder zu verleugnen. Positiv ausgedrückt kann man den Verzicht auf diese Abwehrformen als Fähigkeit zur Ambivalenztoleranz bezeichnen. Dadurch wird das Ungewisse nicht zu etwas »Bösem«, das beseitigt werden muss, sondern zu einem Bestandteil der menschlichen Welt. Gelingt es nicht, diese Ambivalenztoleranz aufrechtzuerhalten, wird das Ungewisse und Bedrohliche Sündenböcken in der Außenwelt zugeschrieben. Die Figur des Teufels ist ein Beispiel für eine solche Projektion des Bösen nach außen. Dort kann es dann bekämpft oder vernichtet werden – mit fatalen Folgen.

Schon im ersten Schöpfungsbericht (Gen 1,1–2,4a) wird der kreative Schöpfungsakt als ein »Scheiden« (hebr.: bara) beschrieben: Das ursprüngliche Chaos (das im Hebräischen wie Tohuwabohu klingt) wird durch die trennende Tätigkeit des Schöpfers zu einer menschlichen Welt: Geschieden wird das Licht von der Finsternis, der Himmel von der Erde, das Land vom Wasser, die Nacht vom Tag. Diese alte mythologische Erzählung, in der Trennen und Scheiden eine menschliche Welt hervorbringen, indem sie das Chaos umwandeln, gilt auch für den inneren Raum: Indem das Kleinkind durch Kontakt an der Hautgrenze erlebt, dass es eine äußere Welt gibt, von der es sich unterscheidet, entsteht ein erstes eigenes Ich-Gefühl.

Diese Differenzierung ist die Erfahrung, die das Bewusstsein, ein Individuum zu sein, hervorbringt. Auch als Erwachsener ist es immer wieder wichtig, quälende und ängstigende Ungewissheit dadurch zu bewältigen, dass sich der Einzelne nicht allzu sehr mit dem identifiziert, was ungewiss erscheint, sondern mit Blick auf den seelischen Innenraum die eigene Existenz als sichere Gegebenheit erleben kann. Diese Gewissheit wird dadurch möglich, dass der Einzelne realisiert, dass er sich von der mentalen Vorstellung des Ungewissen unterscheidet.

Das Ungewisse als das Sprachlose

Reden kann heilen und entlasten. Alles, worüber man sprechen kann, erscheint nicht mehr so bedrohlich und unheimlich – eine Alltagserfahrung, die entsteht, wenn man anderen seine Angst vor dem Ungewissen mitteilt. Und umgekehrt gilt das Gleiche: Was nicht ausgesprochen wird, erzeugt oft bedrohliche innere Fantasien, die ohne Rahmen auswuchern und schließlich das Individuum vollkommen besetzen können. Man »hat« dann keine Angst mehr, sondern »ist« die Angst. Die Erfahrung der heilenden und umwandelnden Kraft des Redens hatte auch Freud im Kopf, als er seine Psychoanalyse »talking cure« nannte. In dieser Redekur wird versucht, aus dem Unsagbaren und Unbenennbaren, wie es sich in Symptomen, Fehlleistungen und Träumen ausdrückt, etwas Aussprechbares zu machen.

Die Verwandlung der »traumatischen Verfassung« des Subjekts geschieht durch die Überführung traumatischer Erlebnis oder Mangelerfahrungen in Sprache. Dabei ist es in der Behandlung zunächst wichtig, die Sprache des Traumas selbst zu hören und zu verstehen. Diese »Sprache« drückt sich in der Regel nonverbal aus: als Rückzug, Schweigen und den Versuch, die Therapeutin in die Position der Handelnden zu bringen, die zum Beispiel Nachfragen stellt, um Zugang zum Patienten zu finden. Dieses Sichbemühen wird vom Patienten oft als Übergriff und eindringendes Verhalten erlebt. Darin wiederholt sich das sprachlose Trauma in der aktuellen Beziehungsszene zwischen Therapeutin und Klient. In gewisser Weise muss die Therapeutin zur Täterin werden, wenn es eine Entwicklung geben soll. So entstehen meist sehr schwierige Szenen, an denen eine Behandlung auch scheitern kann. Werden diese Momente jedoch ausgehalten und wird die Beziehung dadurch für den Patienten verlässlicher, besteht die Chance, dass das, was zwischen beiden geschieht, besprochen werden kann. Auf diese Weise wird das traumatische Erlebnis aus der Abspaltung und Sprachlosigkeit herausgeholt und innerseelisch repräsentierbar.

Aber nicht nur für den Bereich schwerer Traumata ist die Bemühung um Versprachlichung eine Form, Ungewissheit zu reduzieren. Ein anderes Beispiel, wie aus einem ungewissen Körpergefühl eine konkrete menschliche Empfindung wird, ist das Phänomen »Schmerz«. Wer als Kind erlebt hat, dass Körperempfindungen etwa aufgrund einer Verletzung von den Eltern mit Worten wie »Es ist doch nicht so schlimm!« abgetan wurden, hat es schwer, ein entsprechendes Schmerzempfinden zu entwickeln.

Ein Patient mit schweren orthopädischen Problemen konnte diese seinem Arzt nicht beschreiben. Jedes Mal, wenn er in die Sprechstunde kam, hatte er das Gefühl, dass es doch nicht so schlimm sei. Er dachte, was solle der Arzt denken, wenn ich ihm von meinen Kleinigkeiten berichte. In der Therapie stellte sich heraus, dass dieser Patient nie gelernt hatte, unbehagliche körperliche Spannungszustände zu benennen, weil es in seinem Leben kein Gegenüber gegeben hatte, das ihm dabei geholfen hatte, die entsprechenden Worte zu finden. Stattdessen hörte er nur: »Stell dich nicht an!« oder »Das hört gleich wieder auf!«

In einer Gruppentherapie lernte er, mithilfe der sich resonant verhaltenden Gruppenmitglieder seine Körperzustände wahrzunehmen und zu beschreiben, und zwar genau entlang der körperlichen Empfindungen. Also nicht nur unspezifisch wie »Es tut weh«, sondern »Im Knie fühlt es sich an, als wäre Sand im Gelenk.«

Diese Konkretisierung im Sprechen und Benennen erinnerte mich an den Spruch: »Ein Indianer kennt keinen Schmerz.« Und dieser Satz stimmt insofern, als viele Indianer offenbar kein Wort für Schmerz haben und ihn deshalb auch nicht in diesem Sinne wahrnehmen können. Vielmehr haben sie viel differenziertere Begriffe für bestimmte Körperempfindungen. Das Fehlen eines solchen Allgemeinbegriffs wie »Schmerz« ermöglicht es ihnen, genauer zu empfinden und zu benennen, wo und wie sich etwas körperlich anfühlt.

Die oben erwähnte Dreidimensionalität des entstehenden inneren Raumes zeigt sich auf der kindlichen Entwicklungsstufe im Spracherwerb, durch den das Kind zur Benennung und damit Reflexion seiner Wünsche fähig wird. Indem die Mutter körperliche Zustände mit Sprache und Bedeutung versieht, entsteht eine emotionale Welt. Wenn das Kind zum Beispiel weint und die Mutter sagt »Ach, du bist traurig«, entsteht über das Wort »traurig« eine Beziehung zwischen dem vom Kind erlebten körperlich-emotionalen Spannungszustand und der umgebenden Kultur, für die Trauer eine bekannte Größe ist. Die Dreidimensionalität besteht also in der Herstellung eines solchen Kontakts zur umgebenden Kultur, der die Grundlage für spätere Selbstreflexions- und Transzendierungsfähigkeiten bildet und damit eine wichtige Voraussetzung zum kreativen Umgang mit Ungewissheit darstellt.

Bedeutet das, dass allein die Benennung des Ungewissen dieses schon bannt, ähnlich wie Rumpelstilzchen im gleichnamigen Märchen seine Macht verliert, als die Königin es beim Namen nennt? Hinter dieser Frage verbirgt sich ein ganzes Bündel philosophischer Probleme, die sich auch auf die Frage beziehen, ob die Sprache unsere Wirklichkeit erschafft oder ob die Wirklichkeit die Sprache hervorbringt? Diese sprachphilosophische Problemstellung werde ich im Folgenden in einigen Aspekten skizzieren.

Für den Umgang mit dem Ungewissen würde die Frage dann lauten: Entsteht das Ungewisse erst durch eine Sprache hierfür oder ist die Sprache ein Versuch, dass objektiv vorhandene Ungewisse zu zähmen und umgangsfähig zu machen? Vor allem bei der Problematik bezüglich des Todes zeigt sich, wie wichtig es ist, sich mit dieser Frage zu beschäftigen. Man kann zum Beispiel die These vertreten, dass es den Tod gar nicht gibt, sondern nur den Prozess des Übergangs von einem organischen in einen anorganischen Zustand, dass also Sterben kein punktuelles Ereignis, sondern ein langer Prozess ist. Das Wort »Tod« suggeriert aber, als gäbe es diesen wie eine substanzielle Tatsache. Hierin erkennt man, wie Sprache Wirklichkeit erzeugt und sie keinesfalls nur widerspiegelt. Darauf werde ich im Kapitel über den Tod noch genauer eingehen.

Die Annahme, dass die Wirklichkeit vor der Sprache objektiv vorhanden sei, wird philosophisch als Abbildtheorie der Wahrheit bezeichnet. »Veritas est adäquatio rei et intellectus«: Wahrheit ist die Übereinstimmung von Sache und Intellekt. Die Infragestellung dieser Behauptung, Sprache und Welt würden sich entsprechen, hat die linguistische Wende in der Philosophie (Searle, Chomsky, Wittgenstein, McIntyre) gebracht: Was Welt ist, muss sprachlich benannt werden und gehört damit in den Bereich der Sprache. »Dies ist ein Tisch« ist eine sprachliche Äußerung, die als Irrtum ausgewiesen werden kann, wenn die Mehrheit der Menschen diesen Satz als unwahr qualifiziert. Diese Unwahrheit lässt sich nicht durch eine physikalische Eigenschaft wie die »Schwerkraft« feststellen. Das aber tut das abbildtheoretische Wahrheitskonzept, das sich allerdings nicht von der konstitutiven Welt der Sprache lösen kann. Die Abbildtheorie soll begründen, was sie selbst voraussetzt, so ihre Kritiker. Es lassen sich aber nur Sätze mit Sätzen vergleichen, um zu entscheiden, ob ein Satz wahr ist; Sätze mit Dingen zu vergleichen heißt dagegen Äpfel und Birnen zu verwechseln.

Ein Ausweg scheint der Weg über die Sinneswahrnehmung zu sein: Die Aussage »Diese Rose ist rot« kann überprüft werden, indem man sich die Rose betrachtet. Aber auch dieser Weg ist ein Irrweg, wie uns die Kognitionspsychologie lehrt. Wir glauben nämlich, dass unsere Wahrnehmung Bilder von der wirklichen Beschaffenheit der Dinge liefert. Die Annahme, auch andere würden eine rote Rose sehen, suggeriert eine falsche Vorstellung von Funktion und Aufbau des menschlichen Auges, wonach eine Linse auf der Netzhaut ein Bild des Gesehenen entwerfe, das über die Nervenzellen nach Analogie einer Kamera weitergeleitet werde. Darin liegt der Fehlschluss, denn mit einer Kamera geschossene Fotos dienen dazu, Bilder zu erzeugen, die wieder von einem wahrnehmenden Menschen betrachtet und identifiziert werden. Es gibt also nur die subjektive Wahrnehmung vom Rot der Rose, ohne dass dieser Wahrnehmung ein objektiver und allgemeingültiger Wahrheitsanspruch zukommt. Keiner kann wissen, wie sich das Rotsein der Rose für einen anderen Menschen darstellt und anfühlt.

Mir steht dabei das berühmte Bild *La trahison des images* (1929) von Rene Magritte vor Augen, auf dem eine Pfeife abgebildet ist, unter der der Satz steht: »Dies ist keine Pfeife.« Magritte würde vielleicht hinzufügen: Es ist das Abbild einer Pfeife! Die Aufhebung der Differenz von Bild und Gegenstand, von Sachvorstellung und Wortvorstellung führt letztlich zu einem von Projektionen und Illusionen durchzogenen Wirklichkeitsverständnis. Deshalb sind wir auf die Überprüfung der Übereinstimmung von Sachvorstellung und Wortvorstellung angewiesen. Wäre diese Differenz überflüssig, müsste es in unserem Organismus eine Instanz geben, die die Bilder unserer Wahrnehmung erkennt und identifiziert. In der Hirnforschung spricht man vom »Trugschluss des Homunkulus«, der Vorstellung eines wahrnehmenden »Menschleins« im Gehirn, das über wahr oder falsch urteilt. Diese Instanz gibt es aber nicht. Das Problem der Verhältnisbestimmung von wahren Aussagen und wirklichen Sachverhalten ist also auch nicht auf diesem Wege zu lösen. Das Problem des Ungewissen bleibt bestehen.

Gangbar erweist sich für die Sprachphilosophie der umgekehrte Weg: Die Wirklichkeit von Sachverhalten wird dadurch definiert, dass wir sie in wahren Sätzen darstellen. Das widerspricht dem konservativen gesunden Menschenverstand, der sich sträubt, nur das als wirklich anzuerkennen, was er als wahr erkannt hat. Dagegen lässt sich beispielsweise einwenden, dass die Erde auch schon vor dem ersten formulierten Satz des Menschen existierte. Vertreter der linguistischen Wende würden einwenden: Wer auf die menschenunabhängige Existenz der Welt aufmerksam macht, muss berücksichtigen, dass die Erde zwar bereits vor zehn Millionen Jahren bestimmte physikalische Eigenschaften besaß, was sich durch den Prädikator »wirklich« ausdrücken lässt. Eine Beurteilung dieser physikalischen Eigenschaften ist aber nur in der Sprache möglich, das heißt, außerhalb des Sprechens kann die Wirklichkeit von physikalischen Sachverhalten zu keinem Problem werden. Die Frage nach ihrem Wirklichkeitsstatus stellt sich mithin nicht.

Bezogen auf die Bewältigung von Ungewissheiten in der kindlichen Entwicklung bedeutet dies: Ungewissheit bedarf der Benennung und Versprachlichung, um eine mentale und psychische Wirklichkeit zu werden. Ohne dies bliebe sie ein diffuser körperlicher Zustand.

Dieser kleine Exkurs in die Sprachphilosophie hat für das psychoanalytische Wahrheitsverständnis große Bedeutung: Was sieht ein Individuum als wahr an? Das, was zum Beispiel in seiner Kindheit objektiv geschehen ist? Oder wird es erst durch die Erinnerung wahr und seine Erzählung darüber? Bei Freud lässt sich dieser Wechsel beobachten: Während er zunächst abbildtheoretisch davon ausging, dass die heilende Wahrheit über die Kindheit eines Patienten durch Erinnerung und Re-Konstruktion gefunden werden könne, so kam er später zu der Einsicht, dass diese Wahrheit konstruiert werden müsse, und zwar durch die sprachlichen Interaktionen zwischen Analysand und Analytikerin.

Dies bedeutet, dass die Wahrheit der psychoanalytischen Erkenntnis nicht über die Re-Konstruktion der Kindheit des Einzelnen oder der Menschheit als Ganzes erreicht werden kann. Vielmehr wird die Wirklichkeit der Kindheit über wahre Sätze erzeugt, die zwischen Analytiker

und Analysandin über deren Kindheit und der Reflexion des Beziehungs-
geschehens zwischen ihnen entstehen und konsensfähig sind. Bei einer
erinnerten Szene aus der Kindheit entscheidet also nicht die Überprüfung
des historischen Sachverhaltes (Detektiv-Konzept) über die Wahrheit,
sondern die Verknüpfung von Vergangenheit und Gegenwart in der konkreten Situation: Warum fällt einer Analysandin eine Erinnerung gerade
jetzt ein? Was hat das zu tun mit der augenblicklichen Beziehung zwischen Analytiker und Analysandin?

Diese Verknüpfung von Erinnerung und Gegenwart führt zu einer
neuen Beziehungsszene und öffnet den Raum für weitere Konstruktionen und veränderte Sichtweisen. Diese beziehungsanalytische Sicht überwindet ein starres abbildtheoretisches Wahrheitsverständnis, wirkt sich
erweiternd auf den inneren Raum aus und schafft Freiheit, weil der Analysand vom Analytiker nicht in starre Konzepte wie die Trieblehre, das
Unbewusste oder die Übertragung hineingezwängt wird wie in ein Pro-
krustesbett. Letzteres geht auf einen Unhold in der griechischen Sage
zurück, der Wanderer in sein Bett quetschte, indem er zu lange Glieder
abschnitt oder zu kurze gewaltsam verlängerte. Verzichtet der Therapeut
darauf, den Patienten in sein Konzept zu pressen, entsteht Freiraum zur
Entwicklung. Lässt er die objektive psychoanalytische Wahrheit los sowie
das vermeintlich objektive Wissen über die Kindheit und die Verletzungen seines Patienten, dann verliert Erstere ihren exklusiven, vielleicht
autoritären Charakter. Sie ist keine Geheimlehre mehr, sondern bringt
sich perspektivisch in den therapeutischen Dialog ein. Weder die häufig
benutzte Detektiv- noch die Archäologenmetapher, die die analytische
Arbeit symbolisieren soll, werden dem gerecht. Am treffendsten ist das
Bild vom Architekten, der sowohl vom Analytiker als auch vom Analysanden verkörpert wird. In der Therapie fördert dies die Autonomie des
Analysanden, im interdisziplinären Dialog ermöglicht es eine produktive
Auseinandersetzung auf Augenhöhe.

Für die Frage nach dem Ungewissen und deren Entstehung durch
Sprachlosigkeit ist die hier skizzierte beziehungsanalytische Sicht bedeutsam. Denn wenn wir miteinander sprechen, verändert sich das, was
ungewiss erscheint. Tod oder die Zukunft verlieren ihre Starre und Fest-
gelegtheit. Das Ungewisse als solches gibt es dann nicht mehr, sondern
nur der durch das Sprechen erzeugte Sinn des Ungewissen. Dadurch ent-

stehen ständig neue Sichtweisen, die dem Ungewissen seine Starrheit nehmen.

Mit der Sprache erzeugen wir unsere menschliche Welt. Sprechen ist die Form, mit der das Unbekannte, Unbewusste und Ungewisse in eine benennbare menschliche Welt überführt wird. Mit Unbekanntem und Fremdem kann dann umgegangen werden. In der Sprache begegnet die Welt der Kultur und der Gesellschaft, die über Sprache zusammengehalten wird.

In der kindlichen Entwicklung spielt die Sprache von Anfang an die Rolle eines Organisators des seelischen Innenraumes. Stellen Eltern ihrem Kind Worte zur Verfügung, damit es beschreiben kann, wie es Schmerz oder andere emotionale oder körperliche Zustände erlebt, wird die Ungewissheit bezüglich dieser Empfindungen in etwas Bestimmbares und Benennbares überführt. »Rohe« Zustände werden in menschliche Gefühle und Stimmungen verwandelt. Auch für die Welt der Gegenstände gilt diese Transformation: Zeigen Eltern oder Kinder auf Dinge wie eine Schaukel, einen Stuhl oder ein Auto, dann untermalen die Eltern diese Zeigegeste mit einem lautsprachlichen Komplex, der inhaltlich den Gegenstand, zum Beispiel »Schaukel«, benennt. Dadurch werden die für das Kind zunächst unbestimmbaren und namenlosen Objekte zu konkreten Gegenständen. Indem es die Bezeichnungen übernimmt, wird dem Kind diese Welt verfügbar und vertraut. Wort- und Sachvorstellungen stimmen überein.

Vor allem der Frankfurter Psychoanalytiker Alfred Lorenzer (1981, 2002) hat die subjektkonstituierende Wirkung der Sprache herausgearbeitet. Dabei führte er eine wichtige Unterscheidung ein: sprach-symbolische und sinnlich-symbolische Interaktionsformen. Letztere finden jenseits der Sprache statt durch den körperbezogenen Kontakt zwischen Mutter und Kind und durch die Umgangsweise der Mutter mit der umgebenden Dingwelt. Diese sinnlich-symbolischen Kontakte werden verinnerlicht und begründen die Fähigkeit des Säuglings, mit Symbolen umzugehen und diese als Bewältigungsform von Ungewissem zur Verfügung zu haben.

Aber diese sinnlich-symbolischen Interaktionsformen sind keineswegs neutral, denn über sie werden dem Kleinkind unbewusste Bedeutungen vermittelt und einsozialisiert. Dies gilt besonders für Körperpflege, Nah-

rung und Beziehungsregulation. Eine sich heute verändernde Beziehungs-
form kann ich täglich auf dem Spielplatz vor meiner Praxis beobachten.
Hier gehen viele Mütter mit dem Kinderwagen spazieren. In der einen
Hand halten sie ihr Handy, mit der anderen schieben sie den Wagen. Ihr
Blick ist fast ausschließlich auf das Display gerichtet und nicht etwa auf
das Kind. Der Blick des Kindes begegnet nur selten dem der Mutter, sodass sich keine Beziehung herstellt, jedenfalls nicht aus Sicht des Säuglings.
Diese gesellschaftlich praktizierte Beziehungsform, nämlich das Handy
näher bei sich zu tragen als das Kind, haben sich Mütter nicht absicht-
lich angeeignet, sondern eher unbewusst. Dennoch wirkt sie sich auf die
seelische Architektur des Kindes aus, und zwar ohne Worte, sinnlich-
symbolisch, wie Lorenzer sagen würde. Die unmittelbaren Kontakt- und
Austauschformen zwischen Mutter und Kind sind also keineswegs rein
privat, sondern durch sie werden auch gesellschaftlich bedingte Praxis-
formen, Verhaltensweisen und Rituale geradewegs der Psyche des Kindes
vermittelt.

Von diesen vorsprachlich ablaufenden Interaktionen unterscheidet
Lorenzer die erwähnten sprach-symbolischen Interaktionsformen. Durch
das Benennen macht das Kind die umgebende Welt zu seiner Welt. Insofern ermöglicht das Erlernen von Sprache Selbstständigkeit, denn sie
bewirkt eigenes Denken und die Fähigkeit zur Selbstreflexion. Der innere
Raum wird durch das Sprechen und Benennen zu einem eigenen und frei
verfügbaren Ort, an dem sich der Mensch aufhalten kann. Über Sprache
wird aber gleichzeitig nur ein Ausschnitt der Welt vermittelt, denn Worte
schließen andere Bedeutungen und Zuschreibungen aus.

Darüber hinaus wird neben sprachlichen Inhalten und Bedeutungen
auch durch die Struktur der Sprache ein gewisses Muster der Welterfahrung vermittelt. In unseren europäischen Sprachen bestimmt die Dreiheit
von Subjekt, Objekt, Prädikat die Struktur der Sprache. Die Dualisierung
von Subjekt und Objekt bewirkt beim Kind, dass es den dualen Getrennt-
heitsmodus in sein Denken und Wahrnehmen von der Welt integriert.

Es ist interessant, dass asiatische Völker, die eher den Verbundenheitszustand mit der Welt als primären Kontakt verinnerlicht haben, eine
Sprachstruktur besitzen, die nicht durch die Subjekt-Objekt-Trennung
gekennzeichnet ist, sondern eher durch einen prozesshaften Charakter, in
dem Subjekt und Objekt wechselseitig verschränkt und verwoben sind.

Nehmen wir als Beispiel den folgenden Satz. Der Europäer sagt: »Ich sehe, der Kirschbaum blüht.« In dieser Sprachstruktur von Subjekt, Objekt, Prädikat bringt sich der Sprecher in eine dem Kirschbaum gegenüberstehende Position. Der Betrachter und das Betrachtete sind getrennt. Ein Japaner dagegen würde in seiner Aussage eher auf Verbundenheit abzielen und sagen: »Ich erlebe, wie sich das Erblühen des Kirschbaums ereignet.« In dieser prozesshafteren Sprachform sind Subjekt und Objekt weniger getrennt, sondern verbunden.

Auch Lorenzer denkt in seinem Konzept der sprachsymbolischen Interaktionsformen an diese innere Verbindung. Wichtig ist hierbei, dass die sprachlichen Figuren, die die Eltern wählen, mit der Beziehungsszene, die zwischen ihnen abläuft, zusammenpassen. Wenn die Verbindung zwischen Sprache und Beziehung gestört ist, bricht die notwendige Einheit von Sprachfigur und Interaktionsform auseinander und es entstehen »Klischees«, wie Lorenzer (1981) das nennt. Klischees erzeugen eine falsche Sprache oder falsche Beziehungsformen, je nachdem von welchem Pol aus man diese Dynamik betrachtet. Eine Mutter, die ihr Kind in symbiotischer und ersatzpartnerschaftlicher Weise an sich bindet, ihm aber zugleich sagt, es sei frei und könne machen, was es wolle, spaltet die Sprache von der erlebten Beziehungsszene ab. Für ein solches Kind ist entweder die Sprache unwahr oder die erlebte Beziehung. In seinem inneren Raum kann es sich nicht sicher fühlen, da seine Worte nicht mit dem zusammenpassen, was es in der Beziehung empfindet.

Sprechen ist immer dann eine Bewältigungsform des Ungewissen, wenn es in eine passende und stimmige Beziehungssituation eingebettet ist, die »richtig« ist und nicht »falsch«. Für den Erwachsenen kann sich das so darstellen. Wenn er zum Beispiel von seiner Angst spricht, tut er das nur in einer Beziehungsszene, in der er sich einigermaßen sicher sein kann, dass sein Gegenüber seine Angst aushält und nicht selbst von ihr überschwemmt wird. Ist das nämlich nicht der Fall, dann muss der Zuhörende seine eigene Angst bekämpfen, was er tut, indem er dem Sprechenden zum Beispiel einredet, das alles sei doch gar nicht so schlimm. Das bedeutet für den Betreffenden, dass er seine Gefühle »falsch« findet, da er doch nach Auskunft seines Gegenübers keinen Grund für diese Gefühle habe, und das genau aktiviert die traumatischen Beziehungsszenen, die der Betreffende zum Beispiel oft im Kontakt mit seiner Mutter erlebt hat. Anstatt Ungewissheit zu bewältigen, tritt dann eine Verstärkung der Ungewissheit ein, im Hinblick auf das Thema Angst und in Bezug auf das eigene Selbst.

Wenn jedoch eine Sprechsituation möglich ist, in der die Erlebnisweise der Sprechenden Platz hat und vom jeweils anderen anerkannt wird, wird es dem Einzelnen eher möglich, Ungewissheit in Gewissheit zu verwandeln. Gewiss sind durch das Gespräch zunächst die eigenen Gefühle und Wahrnehmungen, und wenn der Gesprächspartner diese anerkennt, kann der Betreffende selbst seine eigene Angst aus einer anderen Perspektive betrachten, sachliche Argumente gelten lassen, sich trösten lassen und damit Abstand von seiner Angst finden. Man kann sagen, Sprechen heilt immer dann, wenn es in eine passende Beziehungsszene eingebettet ist. Innere unbekannte und ängstigende Zustände auszusprechen und Worte für sie zu finden, ist der vielleicht menschlichste Vorgang, mit dem Ungewissen umzugehen.

Ungewissheit als Verlust

Verlust erzeugt Ungewissheit. Verlorengehen kann vieles: die Sicherheit alltäglicher Handlungsabläufe, Halt gebende Alltagsrituale, wirtschaftliche Sicherheit, körperliche Unversehrtheit, Dinge, Tiere und Menschen. Besonders heftig und destabilisierend wird der Verlust erlebt, den man sich nicht freiwillig ausgesucht hat wie etwa eine Trennung, der man sich passiv ausgeliefert fühlt. Besonders traumatisch ist der Verlust von geliebten Menschen. Je näher und intensiver die Beziehung zu ihnen ist, desto schlimmer wird der Verlust erlebt. Vor allem, wenn der geliebte bzw. nahestehende Mensch durch Tod oder Trennung aus dem Leben verschwindet. Der Verlust des Geliebten ist sozusagen der Extremfall aller möglichen Verluste. Selbst der eigene Tod wird von den meisten nicht so angstbesetzt erlebt wie der Tod des geliebten Anderen. Wir sind im Fall seines Todes dann unweigerlich auf unseren eigenen inneren Raum zurückgeworfen. Paradoxerweise ist dieser innere Raum durch die Bewältigung des Verlustes unseres ersten Liebesobjekts, unserer Mutter, entstanden. Je gelungener diese erste Trennung verlaufen ist, desto stabiler zeigt sich das Gefüge des inneren Raumes, in dem wir bei Verlust Schutz und Halt finden können. Schauen wir uns zunächst an, was mit uns geschieht, wenn wir Verlust erleiden, vielleicht wenn wir einen nahestehenden Menschen verlieren.

Freud hat in seiner Schrift »Trauer und Melancholie« (1916–1917g [1915]) die inneren Vorgänge beim Verlust eines Menschen sehr differenziert beschrieben. Dabei kommt der Fähigkeit zu trauern eine zentrale, umwandelnde Bedeutung zu. In der Trauer kann sich das Individuum dazu durchringen, die Realität des Verlustes anzuerkennen. Die Liebesenergie kann dann vom verlorenen geliebten Menschen zurückgenommen und auf andere Objekte, Menschen, Dinge oder Interessen gerichtet werden. Das ist sozusagen der ideale Fall gelungener Trauerarbeit. Misslingt dies, droht die Depression (oder wie bei Freud die »Melancholie«). Diese entsteht, wenn die Realität des Verlustes nicht akzeptiert wird und die Libido weiter auf dem Verstorbenen oder Fortgegangenen gerichtet bleibt. Es kommt dann zur Identifizierung mit dem Toten oder dem Gegangenen. Freud drückt das so aus: »Bei der Trauer ist die Welt arm und leer geworden, bei der Melancholie ist es das Ich selbst« (ebd., S. 431).

Dieser Ich-Verlust geht oft mit Selbstvorwürfen, Schuldgefühlen und Unterwerfung einher und lässt sich so verstehen, dass es durch die Identifizierung mit dem verlorenen Menschen zu einer Spaltung von Libido und Aggression kommt. Der verlorene Andere wird als geliebtes, ausschließlich gutes Objekt fantasiert. Der Betroffene kann und will nicht sehen, dass der Andere auch solche Seiten hatte, die ihn enttäuscht, verletzt und geärgert haben. Die Folge dieser Idealisierung ist, dass die von der Liebe abgespaltenen aggressiven Anteile gegen das eigene Selbst gerichtet werden und dieses zu vernichten drohen. In jeder Beziehung sollte die Aggression aber Platz haben, da sie dem Erhalt der inneren Grenzen dient, durch die sich zwei Menschen, mögen sie sich noch so nahe stehen, als zwei eigenständige Persönlichkeiten erleben. In der von Freud bezeichneten Melancholie, in der der Verlust des Anderen als Ich-Verlust erlebt wird, steckt eine narzisstische Form der Objektwahl. Der Andere wird nicht als ein eigenständiger Mensch gesehen und geliebt, sondern als Teil des eigenen Selbst. Deshalb kann sein Verlust auch nicht betrauert werden, weil Trauer die innere Getrenntheit von zwei sich liebenden Menschen voraussetzt. Die Unfähigkeit, Verlust statt durch Depression mithilfe von Trauer zu bewältigen, liegt in einem letztlich geschwächten

Ich begründet, dem sich in seiner Entwicklung nicht genügend Gelegenheiten boten, um die Bewältigung von Verlusten zu erlernen. Schauen wir uns deshalb die entwicklungspsychologischen Hintergründe etwas genauer an.

Es sind mehrere Aspekte, die für die Bewältigung von Verlust nötig sind. Einer davon ist die Fähigkeit zu trauern, statt depressiv zu werden. Hat ein Kind gelernt, die abwesende Mutter durch eigene Aktivitäten zu ersetzten, ist es gut gerüstet für den Umgang mit Verlusten. Voraussetzung hierfür ist, dass die »Mutter der Trennung« zuvor als »Mutter der Verbindung« ausreichend zur Verfügung stand und sich den Bedürfnissen des Kindes bzw. Säuglings gegenüber einfühlend und antwortend verhalten hat. So kann die Mutter mit ihren guten und Halt gebenden Anteilen nach innen genommen werden, das heißt, es wird eine innere Repräsentanz dieser positiven und befriedigenden Beziehungserfahrung im Inneren aufgebaut. Nachdem nun das befriedigende Objekt verinnerlicht wurde, tritt die Identifizierung in Kraft. Genau genommen müsste man sagen, dass die Verinnerlichung einen Vorgang von außen nach innen beschreibt. Demgegenüber ist die Identifizierung ein rein innerpsychischer Vorgang zwischen der Selbst- und der Objektrepräsentanz: Das Subjekt möchte wie das Objekt sein und identifiziert sich daher mit dem innerlich abgebildeten Teil des Objekts. Identifizierung setzt also die zuvor erfolgte Verinnerlichung des befriedigenden Objekts voraus. Nach innen kann es nur aus dem Grund genommen werden, weil es als ein vom Subjekt getrenntes Objekt erlebt wird. Ohne den Verlust an Gewissheit gibt es keine Verinnerlichung. Die Mutter muss dem Kind also ihre Abwesenheit zumuten, um innerlich präsent zu werden.

Das klingt paradox: Die Ungewissheit bezüglich der abwesenden Mutter erzeugt die Gewissheit, nicht allein zu sein. Diese vorübergehende Ungewissheit kann vom Kind dadurch bewältigt werden, dass die Mutter zuvor seine Wünsche und sein Begehren anerkannt hat, was nicht immer heißt, dass sie auch erfüllt worden sind. Die Mutter, die ihrem Kind einen sicheren inneren Raum ermöglicht, muss sich also in einer Position befinden, in der sie die Andersartigkeit und Eigenheit ihres Kindes respektiert, es nicht für eigene Wünsche funktionalisiert oder gar missbraucht. Durch diese erlebte Anerkennung seiner Person gibt sie ihrem Kind die Chance der Verinnerlichung, ohne die kein freies und sicheres Ich entstehen kann.

Halten wir fest: Der Vorgang der Verinnerlichung bewirkt, dass die Halt gebende und Gewissheit erzeugende Mutter dem Kind auch bei ihrer Abwesenheit zur Verfügung steht. Voraussetzung für diese Verinnerlichung ist für das Kind die Erfahrung von Enttäuschung, Versagung und Abwesenheit, die die Mutter ihrem Kind zumutet. Dadurch wird die Autonomie des Ichs gefördert, denn durch den Vorgang der Verinnerlichung ist das Kind freier und unabhängiger vom realen Objekt der Mutter geworden. Deswegen binden Eltern, die ihren Kindern die emotionale Sättigung vorenthalten, diese in pathologischer Weise an sich, wie es etwa in ersatzpartnerschaftlichen Beziehungsverhältnissen zwischen Eltern und Kindern geschieht. Dieses Anklammern ist die Folge von fehlgeschlagener Verinnerlichung.

Die Ungewissheit der Abwesenheit, die jede Mutter ihrem Kind wegen ihrer eigenen Begrenzung abverlangt, hat also die paradoxe Bedeutung, Gewissheit im Innenraum des Kindes entstehen zu lassen, denn durch die Verinnerlichung der guten, befriedigenden und zur Verfügung stehenden Mutter kann das Kind und der spätere Erwachsene diese fürsorgliche mütterliche Funktion für sich selbst aufbauen und aktivieren. Das bedeutet, dass auch in Zeiten des Verlustes und der Abwesenheit eines guten Objekts der Einzelne nicht in Depressionen verfällt, sondern über Erinnerungen und die innere Gegenwart eines guten Objekts Trost, Zuversicht und Hoffnung empfindet. Damit dies möglich wird, so Freud in »Trauer und Melancholie« (1916–1917g [1915]), bedarf es der Fähigkeit, einem geliebten Menschen gegenüber nicht nur die idealisierten Aspekte zuzulassen. Erscheint dieser nämlich nur gut und makellos, werden die weniger guten, Enttäuschung hervorrufenden Anteile des Anderen und die dadurch entstehenden aggressiven Tendenzen gegen das eigene Selbst gerichtet. Der Verlust des Anderen wird dann zum Selbstverlust, so die These Freuds.

Ich möchte noch auf eine weitere Fähigkeit hinweisen, die dabei hilft, Verlust zu bewältigen. Die vorübergehend abwesende Mutter erzeugt für ihr Kind zunächst Ungewissheit hinsichtlich der Frage, ob sie wiederkommt. Diese Ungewissheit erlebt das Kleinkind in der Regel nicht passiv und ohnmächtig, sondern es agiert gestalterisch aktiv, indem es sich Ersatz für die Mutter schafft. Am eindrücklichsten hat dies Donald W. Winnicott (1984 [1965], 1974 [1971]; dazu ausführlich Funke, 1986) in seinem bekannten Konzept vom Übergangsobjekt und intermediären Raum dargestellt, das ich im ersten Kapitel bereits erwähnt habe. Ausgangspunkt ist die Beobachtung, dass Säuglinge zwischen dem vierten und zwölften Monat Dinge aus der Außenwelt in ihr Körperschema einbeziehen, zum Beispiel den Zipfel der Decke, ein Stoffstück oder andere Gegenstände. Dies tun sie immer in den Momenten, in denen die Mutter physisch abwesend ist. Deswegen wird diesen Gegenständen eine Bedeutung zugeschrieben: »Mama ist da«, obwohl sie real abwesend ist. Diese illusionäre Zuschreibung eines inneren Wunsches auf Dinge der Außenwelt ist der erste Schritt zur Symbolbildung: Der Zipfel der Decke steht symbolisch für die anwesende und schützende Mutter und beruhigt angesichts der Angst vor Ungewissheit. Man könnte sagen, in dieser Illusionsbildung liegt der Kern von Kreativität, Kultur, Kunst und Religion. Das Kleinkind bewältigt eine Situation von Ungewissheit, indem es sich über ein Übergangsobjekt Gewissheit verschafft. Winnicott (1974 [1971]) spricht auch von einem intermediären Raum, der zwischen der inneren Welt des Kindes und der Außenwelt entsteht. Es ist vielleicht das wesentlichste Element, aus dem der innere Raum errichtet wird: die Welt der Illusionen, die nichts mit Irrtum oder wahnhafter Verrücktheit zu tun haben, sondern die den Kern von Hoffnung bilden und dem Selbst Gewissheit geben angesichts drohender Ungewissheit.

Mit diesem intermediären Raum und seinen Illusionen konstituiert sich ein Bereich, der zwischen objektiver, empirischer Außenwelt und innerer Fantasiewelt liegt. Er beschreibt eine Wirklichkeit eigener Ordnung, die das gängige Muster »Fantasie oder Realität« übersteigt. Das Übergangsobjekt als dieses Dritte zwischen außen und innen entsteht als eigener Wirklichkeitsbereich zwischen Ich und Du. Dieser Bereich schiebt sich von Anfang an zwischen Säugling und Mutter und konstituiert damit einen eigenen Raum, der weder Mutter noch Nicht-Mutter ist, sondern beides. Die Erfahrung der gewünschten Anwesenheit der Mutter als auch die fantasierte Abwesenheit werden auf ein Ding (gegenständliche Bedeutungsträger) oder eine Geste (nicht-gegenständliche Bedeutungsträger wie Melodie, Ritual, Mimik, Gestik) übertragen. Die innere Fantasiewelt verbindet sich mit einem Gegenstand, der seine rein materielle oder funktionale Bedeutung verliert und zu einem Symbol wird, das weder ganz zur inneren noch ganz zur äußeren Welt gehört, sondern

Teil eines innen und außen verbindenden symbolischen Universums ist. Als solches begegnet die Welt der symbolischen Ordnungen dem Einzelnen wie eine ihm vorgegebene und ihn übersteigende faktische, materielle oder normative Welt, die zunächst einmal als fraglos gegeben hingenommen wird und in die der Einzelne hinein sozialisiert wird. Man könnte sagen, es handelt sich hier um den symbolischen Bereich der Wirklichkeit, der das materielle Außen und das mentale Innen verbindet.

Vom bisherigen Standpunkt aus wäre zum Konzept Winnicotts zu sagen, dass Vorstellungen wie Fantasie, Illusion, Spiel, Übergangsobjekt und intermediärer Raum für ältere Kinder und Erwachsene erst ihre Bedeutung entfalten, wenn sie in der Lage sind, zwischen Fantasie und Realität zu differenzieren, das heißt, logisch die Anerkennung der objektiven Realität vorausgesetzt werden kann. Die Fähigkeit des Kindes, zu spielen und zwischen Spiel und Wirklichkeit zu unterscheiden, wird in dem Moment stabil, in dem es zu einer »Repräsentation zweiter Ordnung« fähig wird, das heißt, wenn es sich Gedanken über seine eigenen Repräsentationen machen kann, also sicher weiß, dass es spielt und dass zum Beispiel die Vorstellung, der Vater wäre ein Drache, eine Fantasie ist und nicht der Realität entspricht. Man kann auch vom Als-ob-Modus sprechen, der diese Unterscheidung zwischen Fantasie und Realität, Spiel und Wirklichkeit erlaubt und das Hin- und Herpendeln zwischen beiden Welten ermöglicht, ohne an psychotischem Wirklichkeitsverlust zu leiden. Als Erwachsener über diese symbolischen Fähigkeiten des Als-ob zu verfügen, hilft Ungewissheiten dort zu bewältigen, wo zwischen Fantasie und Realität nicht immer klar unterschieden werden kann. Dadurch wird zum Beispiel Hoffnung und Zuversicht möglich, sogar in einer nach »realistischen« Einschätzungen ausweglosen Situation.

Die Fähigkeit zur Etablierung eines intermediären Bereichs kann man auch mit dem Begriff Ambiguitätstoleranz beschreiben, was so viel bedeutet wie Unbestimmtheit und Vagheit auszuhalten. Diese zu akzeptieren, ohne sie in Eindeutigkeit umzuwandeln, kann hilfreich sein, ungewisse Zustände auszuhalten, was gerade aus dem Grund so schwer zu ertragen ist, weil sich unser Verstand nach Eindeutigkeit sehnt. Diese reduziert die Angst, gibt Sicherheit und liefert Handlungsoptionen. Der Nachteil ist wohl der, dass die jeweils andere, weniger eindeutige Seite ausgeblendet wird.

Ungewissheit als Misstrauen

Vertrauen betrifft sowohl unsere privaten Beziehungen als auch unsere Einstellung zu öffentlichen Personen und Institutionen. Vor allem das Vertrauen in Politiker und die Politik im Allgemeinen, aber auch in Kirche und andere Institutionen geht zunehmend verloren, zum Beispiel durch Plagiate, Honorarzahlungen, Vertuschungen, sexuelle Gewalt usw. Wegen massiver Enttäuschungen vonseiten dieser Institutionen hat sich das berechtigte Bedürfnis nach Transparenz und Kontrolle bisweilen ins Groteske gesteigert. Wenn jedoch nur Misstrauen vorherrscht, geht der notwendige Gegenpol verloren. Vertrauen bedeutet, Kontrolle abzugeben und damit das Risiko einzugehen, enttäuscht zu werden. Die Verbindung zwischen Vertrauen und Misstrauen scheint zerrissen zu sein. Nimmt die Enttäuschungstoleranz aber in dem Maße ab, wie das berechtigte Misstrauen zunimmt, geraten Vertrauen und Misstrauen in einen Gegensatz. Das eine wird vom anderen abgespalten. Vertrauen lebt jedoch von seiner Verbindung zum Gegenpol, dem Misstrauen. Diese sich bedingende Polarität erschließt sich erst, wenn man die Entstehung von Vertrauen psychoanalytisch betrachtet.

Eines der zentralen Grundbedürfnisse des Menschen ist Sicherheit. Da das menschliche Wesen mit relativ wenigen Instinkten ausgestattet die Bühne der Welt betritt, ist eine haltende und emotionale Sicherheit gebende Bezugsperson wichtig. Wenn diese verlässlich zur Verfügung steht, kann eine stabile Bindung zu ihr aufgebaut werden. Die Verinnerlichung dieser Bindung führt, wie bereits gezeigt, zur Gewissheit, gehalten und getragen zu sein. Wer sich sicher gebunden fühlt, kann sich in späteren Beziehungen relativ frei bewegen. Diese Freiheit bedeutet, situativ und realitätsbezogen entscheiden zu können, ob Vertrauen angemessen ist oder nicht. Dies bedeutet, dass der Gegenpol des Vertrauens, das Misstrauen, zugelassen werden kann, ohne dass dadurch das Grundvertrauen etwa zu einem geliebten Menschen infrage gestellt wird.

Die Bindungsforschung grenzt von den sicher gebundenen Kindern die unsicher oder ambivalent gebundenen ab. Der unsicher Gebundene kann nur schwer Vertrauen aufbauen, weil er auf keine innere Ressource emotionaler Sicherheit zurückgreifen kann und von ständiger Verlustangst bedroht wird. Der ambivalent Gebundene sucht ständig nach Menschen, an die er seine Zweifel bezüglich seiner emotionalen Unsicherheit abgeben kann oder mit denen er diese loszuwerden hofft. Deshalb neigt er zu blindem Vertrauen auch Menschen und Situationen gegenüber, denen man besser nicht vertrauen sollte.

Der Gegenpol des Vertrauens, das Misstrauen, entsteht, wenn das »Ur-Vertrauen«, von dem Erik H. Erikson (1966) spricht, in einem begrenzten und erträglichen Maß enttäuscht und verletzt wird. Diesem Misstrauen wohnt eine emanzipatorische Kraft inne, es wird zum Motor unserer Individuation, denn es mobilisiert die Kräfte, die ein Mensch braucht, um sich abzugrenzen, zu unterscheiden und durch den Aufbau von inneren Grenzen ein autonomes Ich-Gefühl zu entwickeln. Würde jeder nur darauf vertrauen, dass es so, wie es ist, gut sei, dann gäbe es keine Entwicklung im Sinne von Individuation und Identitätsbildung. Sogenanntes »blindes Vertrauen« wäre dann also ein Kriterium dafür, dass das Vertrauen nicht echt ist, sondern eher einem naiven Wunschdenken entspricht. Vertrauen ist authentisch, wenn es auch in Kontakt zu seinem Gegenpol, dem Misstrauen, steht. Das bedeutet, Vertrauen setzt die Toleranz von Ambivalenz voraus.

Ambivalenztoleranz beinhaltet die psychoanalytische Grundeinsicht, dass alle Regungen unseres Seelenlebens grundsätzlich bipolar seien, was heißt, dass jedem Wunsch auch ein Gegenwunsch zugeordnet wird. Liebe ist nicht frei von Hass, der Wunsch nach Nähe nicht frei von Distanzierungsbedürfnissen, gut lässt sich nicht von böse trennen und Freude gibt es nicht ohne Trauer. In Beziehungen neigen wir Menschen dazu, diese Ambivalenz zu spalten. Aus dem grundsätzlichen »sowohl als auch« wird dann ein »entweder – oder«: Jemand ist dann entweder ausschließlich gut und damit vertrauenswürdig oder ausschließlich böse und damit vertrauensunwürdig. Die Folge solcher Spaltungen ist, dass der Einzelne eine Situation nicht mehr vollständig erleben kann, sondern nur noch die zugelassenen Anteile von sich selbst und von anderen zu sehen imstande ist. Sein Wahrnehmungs- und Einschätzungsradius einer Situation ist dann halbiert. Damit ist er nicht mehr in der Lage, situationsbezogen zu entscheiden, ob Vertrauen sinnvoll sei oder ob nicht doch Misstrauen und damit Grenzsetzung die bessere Alternative sei.

Das Vertrauen wird also von zwei Seiten bedroht: Ist der Pol »Misstrauen« nur unzureichend entwickelt, wird Vertrauen blind, ist die Fähigkeit zu vertrauen lediglich schwach ausgebildet, bleibt bloß noch Misstrauen, was wiederum zum Rückzug und zur Fixierung auf sich selbst führt. Diese Selbstabkapselung ist das Ergebnis von mangelhaften Beziehungserfahrungen eines Kindes, das zwischen den Eltern steht. Die Beschädigung des Dreiecks Mutter – Vater – Kind geschieht, wenn in der Familiengruppe nicht klar ist, wer welchen Platz einzunehmen hat, also wer Mutter, wer Vater und wer Kind ist. Sind die einzelnen Positionen nicht deutlich voneinander getrennt und die Eltern unsicher in ihrer Elternrolle, können sich keine stabilen Grenzen zwischen allen Beteiligten entwickeln. Die Folge ist, dass das Kind nicht als eigenständige und von den Eltern getrennte Person, eben als Kind, wahrgenommen wird, sondern als Teil von ihnen. Diese Funktionalisierung kann sich bis zum emotionalen und/oder körperlich-sexuellen Missbrauch steigern. Dies geschieht vor allem durch eine ersatzpartnerschaftliche Bindung des Kindes an einen Elternteil oder durch Parentifizierung des Kindes. Letzteres bedeutet, dass ein Kind für einen Elternteil Vater- oder Mutterrolle einnimmt und die ihm dadurch aufgebürdete Last trägt.

In beiden Fällen der Funktionalisierung ist immer ein Elternteil aus der Dreieckskommunikation zwischen Mutter, Vater und Kind ausgeschlossen. Ein Elternteil verbündet sich mit dem Kind gegen den anderen Elternteil, was im Kind gleich zweierlei auslöst: Einerseits fühlt es sich großartig, weil es ja »besser« und »liebenswerter« ist als der andere Elternteil, andererseits fühlt es sich entwertet und missachtet in seiner Position als Kind. Die Gefahr, entwertet und weggestoßen zu werden, lauert ständig, weil sich die Eltern ja als Paar wieder zusammenschließen oder ein neuer Partner eines Elternteils auf den Plan treten könnte.

Eine weitere Folge ist, dass ein für persönliche Beziehungsbedürfnisse »benutztes« Kind keine angstfreie Bindung zu beiden Elternteilen entwickeln kann: Ist es mit dem einen ersatzpartnerschaftlich verstrickt, kann es gleichzeitig keine gute Beziehung zum anderen Elternteil aufbauen, weil dies ja der andere Elternteil als Angriff gegen sich und als mangelnde Loyalität interpretieren würde. Dies führt zum Aufbau eines gespaltenen Beziehungsmusters nach dem oben beschrieben Muster des »Entweder-oder«: Wenn ich mich dem einen zuwende, verliere ich den anderen und umgekehrt. Dieser für das Kind so schädliche Entscheidungszwang führt zur Ambivalenzspaltung und zur Ausbildung einer einseitigen Persönlichkeit. Ein solcher Mensch kann nie sicher sein, ob er nicht wieder funktionalisiert wird. Sein Vertrauen in andere ist gestört, was ihn wiederum zum Rückzug bewegt.

Was allgemein für unser seelisches Leben gilt, trifft besonders für das Vertrauen zu: Es ist niemals ganz eindeutig, sondern bewegt sich ständig zwischen zwei Polen, und zwar zwischen Vertrauen und Zuversicht auf der einen und Misstrauen, Zweifel und Skepsis auf der anderen Seite. Es kommt darauf an, diese beiden Gegensätze nicht zu spalten, sondern nebeneinander stehen zu lassen. Daraus erwächst die Fähigkeit, situativ und realitätsbezogen zu prüfen, welcher Seite mehr zu vertrauen ist. Oder anders gesagt: Ungewissheit in Bezug auf die eigene Position in zwischenmenschlichen Beziehungen entsteht dadurch, dass einem Kind die ihm zukommende Position als Kind verweigert wurde, zum Beispiel durch die erwähnte ersatzpartnerschaftliche Bindung. Diese Ungewissheit in eine passende, adäquate Position zu verwandeln, zum Beispiel in der Partnerschaft oder eigenen Kindern gegenüber, ist die sich daraus ergebende Entwicklungsaufgabe. Die passende Beziehungsposition zu finden ist eine Möglichkeit, den sicheren inneren Raum zu stabilisieren gegen alle Beziehungsungewissheit.

Der innere Raum: weder Ort noch Zustand

Die dargestellten fünf Dimensionen der Bewältigung von Ungewissheit zeigen, dass der »innere Raum« keinen Ort oder Zustand beschreibt, sondern einen Prozess, eine Bewegung, eine Dynamik. Die Raummetapher zu verdinglichen wäre genauso falsch, wie den Begriff des Unbewussten und Ungewissen substanzhaft zu verstehen. Es ist wie mit dem Begriff des »wahren Selbst«, den Donald W. Winnicott (1984 [1965], S. 182–199) nur im Kontrast zum »falschen Selbst« verwendet, um der Illusion eines statischen Vorhandenseins eines »wahren Selbst« entgegenzuwirken.

Der innere Raum bewegt sich sozusagen in der Dynamik von Sicherheit und Turbulenz. Wäre er nur sicher, dann würde er erstarren, wäre er nur turbulent, verlöre er seine schützende Funktion. Die Sicherheit des inneren Raumes besteht darin, dass uns in ihm innere Überzeugungen, verinnerlichte Erfahrungen sowie Selbst- und Weltkonzepte zur Verfügung stehen, die wir auf dem Boden frühkindlicher Erfahrungen gesammelt haben. Diese Konzepte sind wie ein stabiles Geländer, das uns in ungewissen Momenten Halt gibt. Wenn es aber nicht auch die Gegenbewegung des Zulassens von Ungewissheit gibt, werden diese Konzepte zu einem starren Gefängnis, das keine Entwicklung zulässt und den Prozess der Selbstwerdung zum Erliegen bringt. Deshalb braucht es als Gegenpol zur Gewissheit ein bestimmtes Maß an Turbulenzen und Verunsicherungen. Diese werden dadurch ermöglicht, dass die Anhaftung und Bindung an die inneren Konzepte aufgelöst oder zumindest gelockert werden. Die dadurch bewirkte emotionale Verunsicherung ermöglicht eine neue Erfahrung, die den Prozess inneren Werdens in Gang setzt und uns mit dem Jetzt der jeweiligen Situation verbindet. Bleibt jemand nur mit dem Sicherheitspol seiner Gewissheiten verbunden, kommt die Wandlung zum Stillstand, lebt jemand nur die Auflösung von Bindungen und Anhaftungen, gerät er in eine solch emotionale Schieflage, dass ihm am Ende nur rigide Abwehrformen helfen, wie zum Beispiel die Zuflucht in fundamentalistische oder gar extremistische Positionen.

Wenn der innere Raum beschädigt ist

Traumatische Erfahrungen aufgrund von fehlendem Halt und falscher Bindung, von Sprach- und Resonanzlosigkeit, von Trennungs- und Verlusterfahrungen, von mangelndem Vertrauen und Missbrauch führen dazu, dass der innere Raum oft nicht als ein heilsamer Rückzugsort in Momenten der Ungewissheit und Angst erlebt werden kann. Deshalb werde ich zunächst den psychoanalytischen Weg zur Wiederherstellung und Reparatur eines sicheren inneren Raumes aufzeigen, den ich dann in einem weiteren Kapitel um die spirituellen Erfahrungen ergänzen und erweitern werde, auch unter Berücksichtigung des Verhältnisses beider Wege.

Konnte sich der innere Raum nicht hinreichend gut entwickeln, setzten Kompensationsversuche ein, um für den beschädigten Selbstraum Ersatz zu finden. Im günstigsten Fall führt das in eine Therapie, in der eine verlässliche Therapeutin und das vereinbarte Setting dem Klienten eine Ahnung davon und Hoffnung darauf vermittelt, diesen inneren Raum zu entwickeln. Wird dieser Weg der Selbstreflexion nicht gegangen, kommt es oft zu Kompensationsversuchen, die das Gegenteil von dem bewirken, was sie eigentlich leisten sollen. So führt die Suche nach einem sicheren Ort in Beziehungen oft zu Verhaltensweisen wie Anklammern und Festhalten am Partner, was beim Gegenüber mitunter zum Rückzug und zur starken Abgrenzung führt. Das wiederum verstärkt im Betreffenden die Gewissheit, keinen sicheren Ort zu finden. Damit wiederholt sich für ihn das alte Trauma des Weggestoßenwerdens, statt es zu überwinden.

Es kann aber auch zu einer Überidentifikation mit Institutionen, Wissenschaften und Weltanschauungen kommen, welche die Not eines leeren inneren Raumes beheben und diesen mit Inhalten füllen sollen. Auch die spirituelle Suche und die Sehnsucht nach einer anderen transzendenten Dimension kann aus dem Mangel an Ungewissheitsbewältigung infolge fehlender Halt gebender Objekte in der Kindheit herrühren. Deshalb ist der Hinweis des mit der spirituellen Dimension vertrauten Psychoanalytikers Ralf Zwiebel hervorzuheben, dass die meditative und spirituelle Überschreitung in einen nondualen Raum kein Ersatz sein darf für den durch frühe traumatische Erfahrungen beschädigten Selbstraum (Weischede & Zwiebel, 2009).

Selbstsorge, Liebe und Wiedergutmachung als Heilung des inneren Raumes

Wie kann angesichts vielfältiger Traumatisierungen und überflutender Ungewissheit der innere Raum als Schutzort wiedergefunden bzw. neu errichtet werden? Auch hier begegnet uns ein gewisses Paradoxon. Obwohl jemand in seiner Kindheit zu wenig Anerkennung und Respekt für seine eigene Person erfahren hat, bleibt ihm nur der Weg, sich selbst die nötige Fürsorge und Liebe zu geben. Das ist mit Wiedergutmachung statt Rache oder Verbitterung gemeint.

Der Weg dahin ist oft weit. Aus dem bisher Gesagten ergibt sich, dass es darum geht, die Fähigkeit zu erlernen, zum Beispiel mithilfe einer Therapie oder allgemeiner Lebenserfahrungen die Begrenztheit des Lebens zu akzeptieren und in diesem begrenzten Raum Lebensfreude, Sinn und Erfüllung zu finden. Der innere Raum, der durch Schwingung und Re-

81

sonanz Lebenslust erzeugt, bedarf dieser notwendigen Begrenzung durch Akzeptanz der bereits erwähnten Lebenstatsachen wie Abhängigkeit und Sterblichkeit. Die Früchte dieser Akzeptanz sind Schwingungsfähigkeit und Dankbarkeit, und zwar im Sinne von Zulassen des Gefühls, dass die Welt nicht unter eigener omnipotenter Kontrolle steht, sondern man vielmehr in diese Welt eingebunden ist, und von Akzeptanz positiver, unbeschädigter Selbstaspekte.

Durch die Benennung und Anerkennung der entstandenen und zu beklagenden Verletzungen und Einschränkungen in der eigenen Lebensgeschichte kommt es zur Versöhnung mit diesen Mangelerfahrungen. Diese Versöhnung ermöglicht Ambivalenztoleranz und setzt sie gleichzeitig voraus, denn sowohl die eigene Lebensgeschichte, das eigene Selbst als auch andere Menschen besitzen immer zwei Seiten, eine liebenswerte und erfüllende und eine störende und enttäuschende. Diese Polarität zu bejahen wäre eine Form, die heilsame Vertreibung aus dem Paradies und den Eintritt in eine differenzierte Welt innerseelisch zu akzeptieren, statt sie durch Rückzug und Depression oder durch Hass und Gewalt zu »bewältigen«.

Die Fähigkeit, trotz traumatischer Erfahrungen die Welt, andere Menschen und sich selbst lieben zu können, lässt sich auch als Frucht eines gewandelten negativen Selbstbezugs verstehen. Heinz Kohut (1973) spricht vom »gewandelten Narzissmus«: Wer sich nicht mehr selbst zum alleinigen Mittelpunkt des Universums macht, der erwirbt die Fähigkeit zu Kreativität, Einfühlung, Weisheit und Humor sowie die Fähigkeit, die Grenzen des Lebens zu ertragen. Dies gelingt, wenn die Verhaftung mit eigenen traumatischen Erlebnissen aufgelöst wird. Dann bekommt die Liebe die Chance, emotionale Verbindungen mit neuen Menschen aufzubauen, Lebensaufgaben neu zu entdecken und eine libidinöse Besetzung der Welt in all ihren Facetten zu finden.

Zu dieser Form der liebevollen Selbstsorge gehört auch, den eigenen Innenraum vor Reizüberflutung zu schützen. Besonders in Zeiten von Corona sorgt die ständige Überflutung mit Informationen und Nachrichten für Dauerstress, weil wir permanent ungewissen Situationen mental ausgesetzt sind. Den Fernseher auszuschalten und offline zu gehen, können hilfreiche Formen sein, den Innenraum zu schützen und sich selbst nicht unnötigen Ungewissheiten auszusetzen.

Versöhnung mit dem eigenen Schicksal

Noch ein weiterer Aspekt ist wichtig, wenn es darum geht, wie man für sich selbst und den eigenen inneren Raum sorgen kann, sollte es zu wenig haltgebende, empathische und anerkennende Liebe gegeben haben. Wenn die Mutter ihr Kind nicht genug unterstützen konnte, mit den Versagungen und dem Mangel fertig zu werden – den jede Mutter, mag sie noch so gut sein, ihrem Kind zumutet –, dann kann sich ein stabiler innerer Raum nur sehr eingeschränkt entwickeln.

Schauen wir noch einmal auf die sogenannte »depressive Position«, von der Melanie Klein spricht. Ihr zufolge steht das Kleinkind vor der Aufgabe, mit den befriedigenden und versagenden Seiten der Mutter fertig zu werden, ohne sie zu spalten. Die Mutter ist ambivalent, hat zwei Brüste, wie Klein sagt: eine nährende und eine versagende. Der versagenden Brust gelten die Verfolgungs- und Zerstörungswünsche. Ist das Kind zu schwach, weil es zu wenig Unterstützung durch die Mutter erfahren hat, brechen die Vernichtungsängste durch, die dann nach außen projiziert werden. Die unbefriedigenden und enttäuschenden Anteile der Mutter werden verfolgt, ihnen gilt die Aggression. Später im Erwachsenenleben ist die Projektion auf Sündenböcke im Alltag die Form, mit der unerträglich innere Zustände – hervorgerufen durch Enttäuschung und Mangel – zu bewältigen versucht werden. Dabei ist der Weg zur Gewaltanwendung nicht weit, wobei die Paradiesfantasie im Hintergrund aktiv ist, denn die Nichtbefriedigung dieser Paradiessehnsucht ruft die Aggression hervor. Diese richtet sich auf all das, was dem paradiesischen Zustand im Wege steht. Utopische Hoffnungsbilder verwandeln sich in destruktive Fantasien oder Taten.

In der depressiven Position wandelt das Kind seine Wut, die sich gegen die versagende »böse Brust« richtet, in Trauer um. Dies geschieht unter dem Druck der Angst, das gute Objekt der Mutter zu verlieren oder es durch seine Wut zu zerstören. Deshalb ringt das Kind mit der Aufgabe, die gute Mutter als schützendes, gutes Objekt im Inneren zu bewahren. Gelingt die Umwandlung von Wut in Trauer, wird die Mutter nicht mehr gespalten, sondern als ein einziges und vollständiges Objekt erlebt. Dabei mischen sich Liebe und Hass, weil beide Strebungen an einem Objekt erlebt werden. Es kommt zur Mäßigung der feindseligen und aversiven Gefühle gegenüber der Mutter, um diese als gutes inneres Objekt zu schützen, schließlich ist das Kind ja auf sie angewiesen. Trauer ist also die Form, Gewalt, Hass und Destruktion zu überwinden. Deren Frucht ist, die Mutter in beiden Teilen, den nährenden und den versagenden Aspekten, zu sehen, mithin Ambivalenz zu ertragen. Trauer und Ambivalenz gehören zusammen. Man könnte auch sagen, die Frucht gelungener Trauer ist die Fähigkeit zur Ambivalenztoleranz. In Therapien geschieht dies dadurch, dass die Therapeutin zunächst als Container für die Wut, die Enttäuschung und die sich daraus ergebenden Hassprojektionen auf die Welt oder auf sie selbst dient und diese Gefühle in der Übertragung der therapeutischen Situation aushält. Dann folgt im gelungenen Fall ein Wechsel in die depressive Position, in der die Trauer über die erlittenen Entbehrungen, Funktionalisierungen oder Missbrauchserfahrungen Platz hat und die Verletzungen emotional durchgearbeitet werden. Am Ende eines solchen Prozesses steht dann die Bereitschaft zur inneren Akzeptanz dessen, was im eigenen Leben an Zumutungen durch die Eltern geschehen ist. Akzeptieren heißt natürlich nicht, es gut zu heißen, sondern meint, die Flucht vor dem aufzugeben, was kränkt und schmerzt. Eine solche innere Akzeptanz ist dann meistens gepaart mit der Fähigkeit, zum Beispiel die beiden Seiten der Eltern sehen zu können: die Seite, die dem Betreffenden Mangel, Entbehrung und Verletzung zugefügt hat, aber auch die Seite, dass die Eltern durch den Zeugungsakt einem das Leben ermöglicht haben. Diese Fähigkeit wäre Ausdruck einer entwickelten Ambivalenztoleranz.

Man könnte bei diesem Vorgang auch von Versöhnung mit dem eigenen Schicksal in Gestalt der konkreten Eltern sprechen. Dieser Begriff ist jedoch etwas missverständlich, weshalb er einerseits von dem Vergeben abgegrenzt werden muss, andererseits nicht mit dem Gutheißen dessen, was geschehen ist, verwechselt werden darf. Versöhnen heißt, zunächst einmal akzeptieren zu lernen, dass die Kindheit und die Umstände so waren, wie sie waren. Versöhnen passt also in keine moralische Kategorie, sondern ist Ausdruck eines inneren Einverstandenseins mit dem Mangel der Schöpfung, der sich in jeder Lebensgeschichte neu zeigt. Um dorthin zu gelangen, ist es oft ein weiter Weg, auf dem vorübergehend auch die Eltern auf die Anklagebank gesetzt werden müssen.

In Therapien erlebt man immer wieder, dass Klienten diese Phase der Anklage und der Wut gerne überspringen möchte. Die Eltern werden geschont aus Angst, auch den guten Elternaspekt zu verlieren, wenn die Wut auf sie zu groß wird. Menschen sind dann schnell bereit, ihren Eltern oder anderen, die ihnen böse mitgespielt haben, zu vergeben. Zu schnelles Verzeihen und Vergeben kann aber die innerseelische Heilung und damit eine nachhaltige Liebesfähigkeit blockieren. Hierzu ein Beispiel aus der psychotherapeutischen Praxis:

> Eine Patientin, die von ihrem Stiefvater sexuell missbraucht wurde, war bereit, ihm seine Taten zu vergeben. Einerseits hatte sie als Kind sehr unter ihm gelitten, andererseits fand sie ihn auch zugewandt und unterstützend, gerade im Hinblick auf ihre Mutter. Trotz dieses moralischen Bemühens um Vergebung wirkte das Trauma des Übergriffs weiter: Ihre Symptome wie Schlafstörung, psychosomatische Beschwerden, Funktionsstörungen in der Sexualität blieben bestehen. Es gab erst eine Wende, als sie die Gefahr zu verstehen begann, dass sie mit ihrer Vergebung auch die Wahrheit der Tat leugnete und damit die Verantwortung für die Gewalt nicht demjenigen zurückgab, der sie zu tragen hatte, nämlich der Stiefvater. Die Patientin wollte für ihn Verantwortung übernehmen und ihn entschuldigen. Diese Verantwortungsübernahme ist ein verständlicher, aber zu früher Schritt, die guten Aspekte ihres Stiefvaters in sich zu bewahren. In der zu frühen Vergebungsbereitschaft machte sie sich zur vergebenden Täterin und genoss den Narzissmus ihrer Großherzigkeit. Nach vielen Sitzungen des Durcharbeitens, vor allem ihrer Wut auf den Stiefvater, gab es eine Veränderung. Sie begriff, dass es nicht um Vergebung ging, sondern um Anerkennung dessen, was geschehen war: sie als Opfer und gleichzeitig als jemand, der auch die Unterstützung und Zugewandtheit des Stiefvaters geliebt hat. Dies alles zu akzeptieren, führte dann schließlich zur Versöhnung. Versöhnung hieß für sie jetzt, die Taten zu akzeptieren und die Verantwortung dafür ihrem Stiefvater zurückzugeben. Sie erlebte dies als Wiedergutmachung an sich selbst, weil sie sich jetzt zunehmend als Ganzes sehen konnte: als Kind, dem etwas Gewaltsames angetan wurde, was es nicht selbst zu verantworten hat, und als diejenige, die ihrem Stiefvater gegenüber auch positive Gefühle hatte. Dadurch war sie mit sich als sexuellem Wesen in Kontakt und es entstand Abstand zum Täter, ohne seine Taten verleugnen oder sich gar für sie verantworten zu müssen. Zu schnelles Vergeben kann heißen, die Tat zu verleugnen, also die fehlende Anerkennung als Wiederholung des Traumas zu reproduzieren.

Jedes Opfer von Funktionalisierung oder Gewalt strebt nach Wiedergutmachung, um inneren Frieden zu finden und wieder lieben zu können. Wiedergutmachung entsteht aus dem Drang, den guten Teil eines wichtigen Menschen für sich zu bewahren. Deswegen hemmt das Kind auch seine Aggression gegen die bösen Aspekte eines Elternteils. Es geht aber wie in dem Fallbeispiel nicht darum, den bösen Teil des Stiefvaters zu entschuldigen und damit wegzumachen, sondern ihn vom guten Teil zu trennen, so wie es auch die Patientin am Ende geschafft hat, sich selbst als ambivalent zu sehen, denn weder das ganz und gar unschuldige Kind noch das böse, verführerische Kind ist die Frucht dieser inneren Versöhnung und Wiedergutmachung an sich selbst.

Deswegen ist die Unterscheidung von Versöhnen und Vergeben so wichtig, auf die auch Paul Ricoeur (1998) hinweist, wenn er echtes Vergeben von einem zu schnellen Vergeben abgrenzt. Ein zu schnelles Vergeben würde die Spaltung aufrechterhalten. Ricoeur spricht von einer »bewahrenden Form des Vergessens« und einem »zerstörerischen Vergessen«. Letzteres löscht die Vergangenheit aus mit der Folge, dass sie zur ewigen Gegenwart wird. Darin besteht ja das Dilemma von traumatisierten Menschen, dass das Trauma nicht erinnert werden kann, das heißt, es bleibt wirkende Gegenwart. Das Täter-Introjekt, wie die Psychoanalyse sagt, wirkt in der Gegenwart fort. Im »bewahrenden« Vergessen wird dagegen »vergessen«, um sich zu erinnern, das heißt, der Tat wird die energetische Besetzung entzogen, ohne sie zu verdrängen.

Beim Verzeihen oder Vergeben ist es ähnlich. Ein zu schnelles Verzeihen geschieht oft, damit man selbst als gut und großherzig dasteht. Hinzu kommt, dass hier oft magisches Denken am Werk ist: Man glaubt, so die Tat ungeschehen machen zu können. Ricoeur spricht in Abgrenzung davon vom »schweren Verzeihen«, das auf wechselseitiger Anerkennung beruht und deshalb »schwer« ist, weil es eine innere Auseinandersetzung mit Tat und Täter erfordert, an dessen Ende ein inneres Einverständnis steht. Dieses schwere Verzeihen ist das Ergebnis von Wiedergutmachung an sich selbst, was so viel heißt, wie sich selbst ein guter Vater und eine gute Mutter zu sein, obwohl man sie vielleicht früher entbehren musste. Diese Wiedergutmachungsart bedeutet auch, in sich selbst einen inneren Schutzraum zu errichten und auf Rache an denen, die einem Unrecht oder Gewalt zugefügt haben, zu verzichten. Dieser Verzicht wird möglich, wenn es gelingt, die mentale Anhaftung an die Vergangenheit aufzugeben und die libidinöse Besetzung auf die Gegenwart zu richten, auf Menschen, Ziele und Aufgaben.

Dies ist ein zentraler Aspekt des großen Themas »Trauerarbeit«, nämlich die Versöhnung mit der Vergangenheit. Deren Herzstück ist das emotionale Verarbeiten dessen, was verletzend oder gar traumatisierend war. Dazu gehört zu lernen, sich mit dem eigenen Leben einverstanden zu erklären, vor allem eine Versöhnung mit den eigenen Eltern zu finden, die uns dieses Leben nicht nur geschenkt, sondern auch ungefragt zugemutet haben. Dabei hilft die Einsicht, dass uns gerade das, was sie einem angetan haben, eine Chance für Reifung und Entwicklung bieten kann. Die eigenen Eltern werden dann nicht mehr für das eigene Schicksal verantwortlich gemacht, sondern man kann sie als Menschen einer anderen Generation sehen, die ihre eigene Geschichte haben, die sie geprägt und für die man keine innere Verantwortung zu tragen hat.

Bei dieser Rückbesinnung auf sich selbst kann die Gewissheit helfen, dass es hinter allen beschriebenen Ungewissheiten, die ein Kind zu bewältigen hat und bei dem es möglicherweise oft gescheitert ist, einen unzerstörbaren Kern in unserem Selbst gibt. Ich verweise an dieser Stelle auf den amerikanischen Neurologen Antonio R. Damasio (2002), der von einem »Kernselbst« spricht, das tief im Inneren des Gehirns im subkortikalen und limbischen Bereich verankert ist (vgl. Funke, 2019a, S. 17–20). In diesem Kernselbst wurzelt das Bewusstsein eines einheitlichen und kontinuierlichen Selbst, das ein Gefühl von Kontinuität des eigenen Lebenslaufes trotz aller Brüche und Veränderungen ermöglicht. Hier ist auch die Gewissheit eingeschrieben, dass es etwas Unzerstörbares gibt, das auch durch traumatische Erfahrungen nicht zerstört wird. Diese von Damasio entfaltete neurologische Begründung für eine hintergründige Gewissheit unseres Selbst mag eine Ermutigung sein, sich auf die Bewältigung der Ungewissheiten einzulassen, die in diesem Kapitel beschrieben wurden.

Neue Beziehungen zur Welt

Die Gewissheit der Unzerstörbarkeit des Kernselbst bedarf der Bereitschaft, nach einem traumatischen Verlust an Sicherheit, Liebe, Anerkennung und Wertschätzung die Welt trotz dieser Enttäuschungen neu libidinös zu besetzten. Das Wichtigste scheint mir dabei, dass neue Ziele, Menschen und Aufgaben gefunden werden, die mit Lebensenergie besetzt werden. Einfach gesagt: Es geht darum, lieben zu lernen, statt sich vom Leben zurückzuziehen und in Verbitterung zu verharren. Sigmund Freud wandelte in seiner dritten Triebtheorie »Jenseits des Lustprinzips« (1920g) die Sexualtriebe in einen allgemeinen Lebenstrieb um, den er dem Todestrieb entgegensetzte. Die dem Leben dienende Libido beschreibt er darin als die große Kraft, die auf Verbindung abzielt, das Individuum aus der Vereinsamung befreit und sich mit dem Leben verbinden kann. Die innere Voraussetzung dafür schafft die Bereitschaft zur Akzeptanz der begrenzenden Lebenstatsachen. Dabei gilt es, wie bereits gesagt, ein Paradoxon zu bewältigen: Auch wer zu wenig Liebe und Wertschätzung bekommen hat, kann dennoch lernen, zu lieben und Wertschätzung zu geben. Dann erhält er das, was er gegeben hat, zurück. Statt passiv auf Liebe zu warten, bedarf es der aktiven Vorlage, damit andere Menschen diese geben können. Diese Möglichkeit kann jeder ausschöpfen: Aktiv anderen die Chance geben, einem die Liebe, Anerkennung und Zuwendung zu geben, die man zum Leben braucht. Diese aktive Vorlage für andere bedeutet, aus dem depressiv-passiven Kreislauf auszubrechen: Nicht geliebt worden zu sein ist dann keine Ausrede mehr, nichts tun zu müssen. Der depressive Zustand ist dann nicht mehr die Folge von zu wenig empfangener Liebe, sondern von passivem Verharren in dieser Position. Umgekehrt wird eine konstruktive Aktion daraus: Wenn ich etwas tue, entsteht Lebensenergie, Zutrauen, Selbstwert und Vertrauen ins Leben.

Im fünften Kapitel werde ich noch einmal auf die Liebe und den Lebenstrieb als Überwindung von Verlust und Trennung, vor allem im Zusammenhang mit dem Tod, zurückkommen. Zuvor wird aber noch der innere Raum als Schutz vor dem bedrohlich Ungewissen um eine Dimension erweitert, nämlich um die der nondualen Wirklichkeit.

4 Der vierdimensionale innere Raum: transpersonale Perspektiven

Ab jetzt bewegen wir uns im Bereich des Transbewussten, in dem die Spaltung von Subjekt und Objekt überschritten wird. Damit befinden wir uns prompt in einem Dilemma, denn in dem Moment, in dem wir für diesen transbewussten Bereich Sprache verwenden, befinden wir uns im dualen Modus, in dem Sprache logischerweise zwischen Sprechendem (Subjekt) und Bezeichnetem (Objekt) unterscheidet. Deswegen bleiben wir, solange wir sprechen, immer hinter dem zurück, was mit transbewusster Erfahrung gemeint sein kann. Trotzdem gibt es keinen anderen Weg, wenn wir uns darüber verständigen wollen.

Alle intersubjektiven Theorien, jede Wissenschaft und unser Alltagsbewusstsein gehen von der Annahme einer Subjekt-Objekt-Trennung aus, also von einem dual strukturierten Weltkontakt. Diese Annahme der Getrenntheit von Subjekt und Welt übernehmen wir im Alltag fraglos, weil sie die Welt handhabbar macht. Das Gegenteil dieser Annahme, dass es keine Getrenntheit gibt, sondern diese eine mentale Konstruktion ist, bleibt unserem Denken meistens unbewusst. Weil es dabei um ein Überschreiten der Trennung geht, benutze ich den Begriff transpersonal oder auch transbewusst, um zu zeigen, dass damit ein Bewusstseinszustand jenseits des personalen, auf Subjekt-Objekt-Trennung basierenden Modus gemeint ist. Diese Überschreitung des dualen Bewusstseins transzendiert das personale Ich, was nicht mit der im psychoanalytischen Konzept vom Unbewussten zu findenden Unbewusstmachung verwechselt werden darf. Deshalb unterscheidet sich das Transbewusste vom dynamisch Unbewussten. Es ist keine Abwehrtätigkeit und kein Rück-Schritt (Regression) in einen früheren Zustand, sondern ein Fort-Schritt (Transgression) in einen neuen Bewusstseinszustand.

Der transpersonale Modus des Bewusstseins wird erst verständlicher, wenn man ihn im Rahmen einer Theorie des Bewusstseins verwendet. Diese bildet den übergeordneten Bezugsrahmen, den hermeneutischen Schlüssel, mit dem spirituelle Formen der Ungewissheitsbewältigung untersucht werden sollen. Auch das psychoanalytische Konzept des Unbewussten lässt sich als eine bestimmte Bewusstseinsform begreifen, gerade weil es dieses Bewusstsein in Richtung des Unbewussten relativiert.

Beim folgenden bewusstseinstheoretischen Bezug orientiere ich mich zunächst an Jean Gebsers zweibändigem Werk *Ursprung und Gegenwart* (1992), anschließend an Karl Jaspers' bekanntem Konzept »Achsenzeit« (1949) und dessen Rezeption durch Jan Assmann (2018) im Rahmen seines Konzepts des »kulturellen Gedächtnisses«. Die genannten Werke gehen von einer Evolution unseres Bewusstseins aus, der neben der biologischen Evolution der mentalen Entwicklung des Menschen und seiner Versuche, mit dem Ungewissen umzugehen, eine große Bedeutung zukommt.

Evolution des Bewusstseins

In seinen Arbeiten zur Bewusstseinsevolution geht Jean Gebser von fünf Stufen des Bewusstseins aus: der archaischen, der magischen, der mythischen, der mentalen und der integralen.

1. Diese Bewusstseinsstufen nehmen ihren Ausgang in der Noch-nicht-Getrenntheit des Einzelnen von dem ihn umgebenden natürlichen Lebenskreis. Ich und Natur sind eins. Am Anfang, in der archaischen Zeit, gleichsam vor dem Bewusstwerden der eigenen Identität, gingen die Menschen ohne Freude ins Leben und ohne Angst in den Tod.

2. Erst in der magischen Phase tritt das Erleben von Ungewissheit, Angst und Fremdheit hinzu. Das individuelle Ich entwickelt eine innere Repräsentanz von sich selbst, nachdem es sich in dieser Phase schon etwas aus dem natürlichen Lebenskreis gelöst hat. Lebensschicksal, Krankheit und Tod erscheinen nicht mehr als selbstverständlich oder natürlich, sondern als Wirkung von magischen Kräften in Gestalt von Dämonen, Geistern unbekannter Mächte.

Diese sind die Urheber von Ungewissheit und müssen durch ma-
gisch-rituelle Praktiken besänftigt werden.

3. In der mythischen Phase beginnt das brüchig gewordene Verbunden-
heitsbewusstsein mit dem Ganzen endgültig auseinanderzubrechen.
Der Einzelne erlebt sich jetzt unterschieden von der Umwelt, er
wird mehr und mehr zu einem abgegrenzten Individuum, was sich
darin zeigt, dass der Mensch sich jetzt nicht mehr von magischen
Mächten gesteuert erlebt, sondern von Göttern, die nach menschlichem Vorbild gestaltet und direkt ansprechbar sind. Die Götter sind
Projektionen des erwachenden Ichs, welches infolge des Heraustre-
tens aus dem zyklischen Kreislauf der Natur entstanden ist. Dieses
Ich wird sich auf dem Wege der Externalisierung seiner selbst als
ein Gegenüber bewusst. Das mythische Bewusstsein spiegelt zwar
die Differenz zwischen Mensch und Umwelt, zwischen Subjekt und
Objekt, die künftig die zentrale Erfahrungsweise der Welt bilden
wird, wider, hat aber den Modus der Selbstreflexion im Horizont
eines übergeordneten Ganzen noch nicht erreicht. Infolge dieser
Abgrenzung des Einzelnen vom natürlichen Lebenskreislauf tritt
auch das Ungewisse als ein Gegenüber auf den Plan, dem man sich
widersetzen oder fügen kann. In dieser Zeit schafft Homer seine
Helden, die sich als ihrer selbst bewusstes Ich mit dem Schicksal
auseinandersetzen, es gestalten und damit zum Mit-Schöpfer ihres
eigenen Lebens werden. So gesehen liest sich die *Odyssee* wie eine
Schöpfungsgeschichte des Menschen. In ihr drückt sich das moderne Selbstverständnis zum ersten Mal literarisch aus: dass nämlich der
Einzelne Schmied seines Glückes und Architekt seines Lebenshau-
ses ist. Neben dieser Emanzipation aus den natürlichen Bindungen
bleibt aber das Bewusstsein von Begrenzung und Abhängigkeit von
übergeordneten Mächten erhalten.

4. Erst im Übergang von der mythischen zur mentalen oder rationalen Phase der Bewusstseinsentwicklung – der Weg vom Mythos zum
Logos – trennt sich das sich seiner selbst gewiss werdende Ich von
seinem natürlichen Umfeld ab. Es ist die Zeit, die Karl Jaspers (1949)
als »Achsenzeit« bezeichnete, in der Selbstreflexion und -transzen-
dierung entstehen und die Welt zu einem Gegenüber für das Subjekt
wird. Zeitlich setzt Jaspers den Beginn der Achsenzeit im 8. bis 6. vor-

christlichen Jahrhundert an: In vielen Regionen der Welt beginnt eine Reflexion auf das übergeordnete Ganze und ein Versuch, die Bedingungen des eigenen Bewusstseins zu reflektieren: In China geschieht dies durch Konfuzius, in Indien durch Buddha, in Persien durch Zarathustra, in Griechenland durch die Philosophie der Vorsokratiker und Sokrates, in Altisrael durch die großen Propheten und den entstehenden Monotheismus und in dessen Tradition durch das Christentum in Gestalt von Jesus und Paulus. In dieser Zeit entsteht ein Sinn für das »Umgreifende«, wie Jaspers sagt, der sich als Form des Aufgehobenseins in einem größeren Ganzen verstehen lässt und damit als eine neue Form der Ungewissheitsbewältigung. Bei dieser Gemeinsamkeit der Entstehungsorte und Personen der achsenzeitlichen Umwälzung darf nicht übersehen werden, dass es zwischen Ost und West große Unterschiede gibt, die für unsere Frage nach der transpersonalen Dimension des inneren Raumes bedeutsam ist: Im Buddhismus etwa wird das duale Bewusstsein, das die eigene Person von der Welt als getrennt wahrnimmt, als Illusion erkannt. In der Idee der Trennung des Subjekts vom Kosmos liegt für Buddha die Quelle allen Leidens. Demgegenüber nimmt vor allem der entstehende Monotheismus in Altisrael eine andere Position ein, die uns noch weiter beschäftigen wird: Der eine Gott wird als Gegenüber zur Welt von den Gottheiten des Polytheismus abgegrenzt und so der menschlichen Funktionszuweisung entzogen. Damit konstituiert sich hier im entstehenden jüdischen Monotheismus zwar das Getrenntheitsdenken, aber in emanzipatorischer Absicht. Später wird im Christentum diese Differenz von Gott und Welt durch die Vorstellung der Inkarnation, also der Fleischwerdung des Logos in einem Menschen, relativiert bzw. transzendiert.

5. In der griechisch-jüdischen Tradition werden das rationale Denken und der Erkenntnisfortschritt nun zum Garanten der Eigenständigkeit und Unabhängigkeit des Einzelnen von Göttern und Mächten. Im Denken erfährt der Mensch Gewissheit, weil er sich der Wirklichkeit gegenüber als abgegrenztes Subjekt erlebt. Gleichzeitig geschieht in dieser Phase auch die Überschreitung der Subjekt-Objekt-Trennung hin zu einem Bewusstsein der Einheit allen Seins. In der vorläufig letzten Phase, der integralen, sind die Errungenschaf-

ten der vorherigen Bewusstseinsstufen aufgehoben und integriert. In der integralen Phase der Bewusstseinsevolution existiert das duale Getrenntheitsdenken auf der Basis der Subjekt-Objekt-Trennung neben dem die Trennung überschreitenden nondualen, transpersonalen Verbundenheitsdenken. In dieser beide Bewusstseinszustände integrierenden Phase befindet sich die Menschheit in der ausgehenden Moderne.

Bevor ich auf die lebenspraktische Bedeutung des transpersonalen Weges und eines nondualen Bewusstseinszustandes im Hinblick auf die Bewältigung von Ungewissheit zu sprechen komme, möchte ich mich noch einigen grundsätzlichen Fragen zuwenden, denn das nonduale Denken ist unserem Empfinden und der Selbstverständlichkeit unseres In-der-Welt-Seins so fremd, dass man eine gewisse innere Arbeit vollziehen muss, um dieser transpersonalen Dimension eine Bedeutung beizumessen.

Spirituell-religiöse Bewegungen der Selbsttranszendierung

Es stellt sich zunächst die Frage, wie es überhaupt zu der Annahme kommt, es könne noch etwas anderes geben als das Duale, etwas Transbewusstes neben dem Bewussten. Die Möglichkeit der Transzendierung bleibt den meisten Menschen in ihrem Alltag verschlossen. Sie gehen von der naiven Vorstellung aus, die Welt sei so, wie wir sie wahrnehmen. Wir sehen einen Stuhl und glauben, dass es den Stuhl, so wie wir ihn sehen, auch objektiv gibt. Wer dieses Realitätsprinzip infrage stellt, gilt schnell als verrückt, jedenfalls nicht als »normal«, und das, obwohl uns die Philosophie seit über 250 Jahren aufzeigt, dass genau die Verwechselung unserer Wahrnehmung mit der Realität eine Illusion ist – ein Prozess, der eigentlich schon in der Achsenzeit begonnen hat. Auch die Psychoanalyse relativiert den Glauben an die Wahrheit unserer Wahrnehmungen. Ihr Konzept des Unbewussten unterstellt ja, dass es neben dem Bewusstsein noch etwas Anderes gibt. Die Psychoanalyse sucht dieses Andere im dynamisch Unbewussten, das auf Verdrängung und andere Formen der Unbewusstmachung beruht.

In den nondualen Weltsichten wie der Mystik oder den asiatisch-östlichen Philosophien wird das Andere des Bewusstseins im Transbewussten und Transpersonalen gesehen, die auf Einheit mit dem gesamten Sein beruhen und den nondualen Bewusstseinszustand darstellen.

Dieses Andere, das Transbewusste, hat in der Geistesgeschichte der Menschheit eine lange Tradition. Die mystischen Traditionen vieler Religionen gehen von einem nondualen Hintergrund allen Seins aus, die östlichen spirituellen Traditionen bezeichnen dieses Gewahrwerden einer transbewussten Wirklichkeit als Erleuchtung und Erwachen. In diesem Zustand wird die Trennung von Subjekt und Welt insofern als Illusion erkannt, als diese Annahme der Getrenntheit als eine Konstruktion unseres Geistes begriffen wird, der keine objektive Realität entspricht, im Gegenteil. Die Annahme, dass die uns erscheinende Wirklichkeit tatsächlich auch so existiert, wird erst im Augenblick der Wahrnehmung eines Objekts hervorgebracht. In dieser vom philosophischen Konstruktivismus, von mystisch-religiösen Traditionen und von einer spirituellen Philosophie vertretenden Position wird die Idee von statischen und unabhängig von der Wahrnehmung existierenden Objekten aufgegeben. »Objekte« meint hier nicht nur Dinge, sondern ebenso Personen, Ereignisse und Gedanken. Ihnen kommt aus der Perspektive eines nondualen Paradigmas keine unabhängige Existenz zu, keine unveränderliche Identität. Alle Phänomene, die wir als eigenständig und abgegrenzt wahrnehmen, werden als etwas im Prozess Befindliches gesehen, dass sich ständig verändert und wandelt. Insofern kommt keinem der wahrgenommenen Dinge eine unabhängige und substanzhafte Realität zu. Mit »substanzhaft« ist in der metaphysischen Tradition des Denkens gemeint, dass Objekten und Zuständen eine autonome Realität zuteilwird, die sie von anderen Objekten unterscheidet und trennt. In den Traditionen des spirituellen Denkens, vor allem im Buddhismus, ist nicht einmal die Einheit allen Seins als eine objektive Aussage zu verstehen. Auch diese Annahme einer letztendlichen nondualen Einheit allen Seins ist weder autonom noch bedingt, weder zeitlich noch ewig, weder Objekt noch kein Objekt. Diese Nondualität wird deshalb auch als Leerheit bezeichnet. Darin, so stellt Zwiebel (2019, S. 303) fest, ähnelt die Spiritualität des Buddhismus der Psychoanalyse, weil beide betonen, dass sich die Dimension des »Jenseits« des Bewusstseins weder durch Denken noch durch Sprache erfassen lässt und sich damit deren Objektivierung entzieht. Deshalb »gibt« es die Nondualität und das Transbewusste nicht. Die Begriffe bilden vielmehr den ziemlich hilflosen Versuch zum Ausdruck zu bringen, auf welches Ziel sich die Transzendierung des dualen Denkens hin bewegt. Dieses Ziel wird durch Nondualität ausgedrückt, einem Begriff, dem mehr metaphorische als konkrete Bedeutung zukommt. Indem durch Sprache und Begriffsbildung dieser Vorgang als »Nondualität« bezeichnet wird, wird er gleichzeitig verfehlt. Diesem Dilemma können wir, wie bereits erwähnt, nicht entgehen, außer wir schweigen oder bleiben uns des metaphorischen Charakters dieser Rede bewusst.

Gegenüber dieser Leerheit wird in der westlichen Tradition des dualen Denkens das Ich als eine in sich feste, definierte und unveränderliche Entität der Welt gegenüber verstanden und weniger als Teil von ihr. Diese Position des Abgetrenntseins vom Ganzen hat zwar unser abendländisches, psychologisches Ich und damit die Idee eines autonomen Menschen hervorgebracht, aber andererseits auch die Quelle für das Leiden an der Ungewissheit erzeugt. Wer sich getrennt erlebt, wird ständig von der Angst begleitet, die äußere Realität könnte ihn in Form von Verlust, Verschlungenwerden, Krankheit oder Tod vernichten. Das Ungewisse wird eigentlich erst in diesem dualen Modus der Subjekt-Objekt-Trennung zur erlebten Gefahr. Im Zustand der Verbindung mit allem gibt es keine Ungewissheit, weil alles, was geschieht, Teil des sich selbst realisierenden Lebens ist, von dem der einzelne Mensch ein abhängiger Teil ist. Ungewissheit, so könnte man sagen, wird durch Trennung erzeugt, die uns von der uns umgebenen Realität entfremdet. Als Trennungs- und Verlustangst lässt sie sich als Grundform des menschlichen Leidens verstehen.

Diese nonduale Verbundenheit von allem mit allem ist nicht nur eine Frucht östlicher spiritueller Philosophie und Religion. Die abendländische Tradition der Metaphysik geht bezüglich des Transbewussten davon aus, dass es hinter (meta) der Natur (Physis) noch ein Anderes (Meta-Physis) gibt. Da – wie die moderne Hirnforschung sagt – die duale Wahrnehmung der Welt von unserem Gehirn zunächst nicht als Konstruktion eben dieses Gehirns erkannt wird, ist dieses Andere nur schwer zu erkennen. Vonseiten der modernen Physik beschreibt man dieses Andere für die Ebene der Quanten so, als gebe es keine Getrenntheit, keine Lokalität und keine Logik: Was geschieht, geschieht nicht objektiv, sondern nur im Moment der Beobachtung und Wahrnehmung, nur im Augenblick der »Messung«, wie die Physik sagt. Quantenphysikalisch wird die Vorstellung der Getrenntheit der Objekte als mentales Konstrukt betrachtet, dem keine empirische Objektivität entspricht.

Vielen aktuellen Problemen wie der Klimakatastrophe, der zunehmenden Gewaltbereitschaft oder fundamentalistischen Positionen liegt ein aggressiver Weltkontakt zugrunde, der sich als Folge des einseitig gewordenen Getrenntheitsdenken verstehen lässt, welches sowohl das Andere, das Unbewusste als auch das Transbewusste leugnet. Diese Einseitigkeit manifestiert sich im Objektivismus eines vermeintlich wissenschaftlichen Weltbildes und in der Macht, die dem Faktischen zugesprochen wird. Hartmut Rosa (2020) spricht davon, dass im Getrenntheitsparadigma der Dualität die Welt zu einem »Aggressionspunkt« wird, eine Folge der Subjekt-Objekt-Trennung. Er meint damit, dass die Welt nicht wie eine Botschaft gehört wird, die Resonanz erzeugt, sondern uns als etwas »zu Wissendes, zu Bezahlendes, zu Beherrschendes, zu Erwerbendes, zu Erledigendes« (ebd., S. 113f.) begegnet. Dadurch erledigen wir die Dinge in der Welt, machen sie uns verfügbar, statt uns auf sie einzulassen und auf sie zu hören. Wir werden zu Herren der Welt, statt Teil von ihr zu sein.

Auch Sigmund Freuds Idee, das Unbewusste verfügbar zu machen nach seinem Motto »Wo Es war, soll Ich werden«, lässt sich als Zugriff auf das Unverfügbare verstehen. Freud stellt die Entdeckung des Unbewussten und seine Bewusstwerdung in den Dienst der Autonomie des Subjekts, das als unabhängig und abgegrenzt vom Sein und damit vom Es gedacht wird. Die Autonomie, die ursprünglich ein emanzipatorisches und aufklärerisches Ziel der Aufklärung und der Moderne war, erweist sich heute als höchst ambivalent: Die Verfügbarmachung der Welt, die Jürgen Habermas »Kolonisierung der Lebenswelt« genannt hat, führt zu ihrer aggressiven Zerstörung. Auch die modernen neurowissenschaftlichen Begründungen für die Existenz des Unbewussten folgen dem Ziel einer zugreifenden Aufklärung: Das Unverfügbare und Unbewusste wird dem Zugriff des Subjekts durch die Behauptung unterworfen, es seien denkende Gehirne, die erst die Idee des Unbewussten und der Unverfügbarkeit erzeugt hätten. Das Problematische ist nicht der Inhalt der Aussage. Kein vernünftiger Mensch wird bestreiten, dass es die denkenden Gehirne sind, die die Aussagen über das Gehirn und seine Funktionsweisen hervorbringen. Das Problematische ist nur die Ausschließlichkeit und der Reduktionismus dieser Annahme, so als wäre das Ungewisse und Unbewusste nichts anderes als das Produkt von neuronalen Funktionsabläufen.

Die monotheistische Aufklärung als Bewältigung des Ungewissen

Die Bewegung hin zu einem Zugriff auf das Ungewisse, wie es auch für die neurowissenschaftliche Begründung und eine einseitige Wissenschaftsgläubigkeit typisch ist, wurde in der Bewusstseinsgeschichte durch die monotheistische Aufklärung in Altisrael grundgelegt und gleichzeitig überwunden bzw. erweitert im Sinne eines integralen Bewusstseins. Um dies zu verdeutlichen, möchte ich einen Augenblick bei dieser Phase in der Bewusstseinsentwicklung bleiben, weil sie die abendländisch-christliche Welterfahrung zutiefst geprägt hat und sich als ambivalentes Phänomen darstellt.

Ich beziehe mich dabei zunächst auf die kenntnisreiche und originelle Arbeit *Corpora* von Eckhard Nordhofen (2018) zur Entstehung des Ein-Gott-Glaubens im alten Israel. Bewusstseinspsychologisch ausgedrückt steht dieser exklusive Monotheismus, der in der Zeit während und nach dem babylonischen Exil (597–539 v. Chr.) entstand, für den Wendepunkt hin zu einem rationalen Bewusstsein, welches sich die Welt zu einem Gegenüber macht. Daraus ergibt sich eine starke religionskritische Position im abendländischen Denken und in gewisser Weise eine erste Anwendung des Konzepts des Unbewussten auf die Kultur – 2.500 Jahre vor Freud.

Die Auseinandersetzung mit den Göttern der anderen Völker machte ein neues Nachdenken über den Gott Israels notwendig. Das Ergebnis dieses Prozesses ist die Einzigartigkeit und Andersheit ihres Gottes, die Jan Assmann (2003) die »mosaische Unterscheidung« nennt. Wurden in den polytheistischen Religionen im Umfeld Israels die Götter als Teil des Kosmos wahrgenommen, so wird der eine und einzige Gott im Monotheismus zu einem Gegenüber des Kosmos. Die polytheistischen Götter waren »Werke von Menschenhand, aus Holz und Stein«, wie es bei Jesaja heißt (Jes 37,19). Diese Kritik an den Göttern setzt ein Bewusstsein voraus, durch das die Menschen in der Lage waren, die Projektionen auf eine göttliche Sphäre zu durchschauen: Die Götter waren Projektionen der

Psyche, ausgestattet mit der Illusion ihrer realen Existenz. Die Menschen erschufen sie aus einem Mangel heraus funktional für ihre Bedürfnisse. Das zeigt sich in dem eigenen Zuständigkeitsbereich, den jeder einzelne Gott besaß und der den inneren Erfahrungsraum der Menschen beschrieb. Diese Funktionszuschreibung und Projektion nimmt der entstehende Monotheismus zurück, indem er eine andere, außerhalb des menschlichen Bewusstseins existierende Realität erschafft: Er realisiert sozusagen die Subjekt-Objekt-Trennung und macht Gott zum Gegenüber. Damit schafft er – psychologisch gesehen – die Gewissheit, dass es einer Instanz im Außen bedarf, um dem bedrohlich Ungewissen etwas entgegenzusetzen. Es ist wie in der kindlichen Entwicklung: Um die Angst vor dem Ungewissem zu bewältigen, braucht es eine Person, die von außen kommt und Schutz und Halt gibt und dadurch die Angst beruhigt. Erst danach kann das Kind diese von außen kommende tröstende Funktion nach innen nehmen, damit sie ihr in künftigen bedrohlichen Situationen zur Verfügung steht.

Das Interessante bei der Aufklärung des exklusiven Monotheismus über die selbst gemachten Götter ist aber, dass dieses neue göttliche Gegenüber nicht einfach wie eine objektive Tatsache gesehen wird, die unabhängig existiert, sondern eine besondere Paradoxie aufweist, die für die Entwicklung hin zu einem neuen, integralen Bewusstseinszustand entscheidend ist. Diese Paradoxie zeigt sich in der Urszene der Offenbarung des neuen und einzigen Gottes, die zugleich die Entstehung des Gottesnamens beinhaltet. Dieser neue Gott zeigt sich im Außen sowohl als anwesend, also vom Menschen getrennt, als auch abwesend, da er nicht wie ein Objekt der Außenwelt besessen werden kann, sodass er sich der Verfügbarkeit des Menschen entzieht. Das sogenannte Tetragramm, die vier Konsonanten JHWH, aus denen der Gottesname besteht und der wegen der fehlenden Vokale unaussprechlich ist, spiegelt die Gleichzeitigkeit von »Präsenz und Entzug« (Nordhofen, 2018, S. 125) wider: Gottes Worte in der Szene vom brennenden Dornbusch, der brannte und doch nicht verbrannte, sind übersetzt mit: »Ich bin, der ich bin« (Ex 3,14). Die Existenz dieses Gottes wird also mit seiner Präsenz gleichgesetzt. Es gibt keine objektive Existenz außerhalb seiner Präsenz! Man mag an den berühmten Satz von Dietrich Bonhoeffer in »Widerstand und Ergebung« denken: »Einen Gott, den es gibt, gibt es nicht.«

Das Tetragramm drückt die Unmöglichkeit eines unabhängig, objektiv existierenden Gottes aus und ist gleichzeitig ein Zugeständnis an das dual denkende Ich, sich dieser Form des nicht objektiven Existierens Gottes bewusst zu sein: Die Konsonanten JHWH stehen sozusagen als Chiffren für das duale, objektivierende Denken, während die fehlenden Konsonanten, also seine Unaussprechlichkeit, darauf hinweisen, dass Gott nicht im Modus des Getrenntheitsdenkens, sondern nur als Präsenz, als reine Gegenwärtigkeit jenseits der Zeit im Augenblick des Jetzt erfahren werden kann. Dies mag an die im psychoanalytischen Teil beschriebene Funktion des Übergangsobjekts im Sinne Donald W. Winnicotts erinnern: Der Zipfel der Decke, nach dem das Kind in Momenten der Ungewissheit greift, ist einerseits ein Objekt der Außenwelt und andererseits als mentale Illusion ein Symbol für die anwesende Mutter, trotz oder gerade wegen ihrer physischen Abwesenheit.

Diesen Positionswechsel Gottes zu einem Gegenüber, der aber nicht als Gegenüber verfügbar ist, beschreibt im Nachhinein der Mythos vom Paradies: Erst durch die Vertreibung, also dem Ende der magischen Phase des Bewusstseins, entsteht Gott als Gegenüber zum Menschen und zur Welt. Gott ist ihr Schöpfer, aber nicht selbst geschöpflich, wie es in den Entstehungsmythen der Götter, zum Beispiel in der Theogonie in der griechischen Mythologie, erzählt wird. Nur als Gegenüber vermochte er die Ungewissheit des Lebens jenseits des schützenden Raumes im vorgeburtlichen Zustand, der in etwa der magischen Phase des Bewusstseins entspricht, erträglich zu machen. Vielleicht ist es diese Fähigkeit zur Bewältigung von Ungewissheit, die nur ein der Ungewissheit der selbst gemachten Götter überlegener Gott garantieren konnte, der die Dualisierung der Weltwahrnehmung und der Erkenntnis geprägt hat. Dies mag ein Grund dafür sein, dass sich in den monotheistisch geprägten Kulturen nur schwer ein nonduales, auf Verbundenheit und Ungetrenntheit basierendes Denken entwickeln konnte – mit Ausnahme ihrer eher randständigen mystischen Traditionen in Judentum, Christentum und Islam.

Ein viel plausiblerer Grund für die Dualisierung und Objektivierung Gottes ist allerdings ein sehr menschlicher: Einen Gott, der als Gegenüber zur Welt existiert, kann man ansprechen, zu ihm kann man beten und ihm vertrauen, dass er das Geschick der Welt und des eigenen Lebens in seinen Händen hält. Selbst wenn man ihn leugnet, bleibt er –

wie im Atheismus – ein Gegenüber. Auch wenn sich der im Medium der Schrift und des Wortes zeigende und damit im Gegensatz zu den Götterbildern unsichtbare Gott gerade seiner Personalisierung entzieht, so wird er doch in der Frömmigkeitspraxis und in gewisser Weise auch im modernen Atheismus zu einem personalen Gegenüber. Dieser Drang, sich den tragenden Grund der Wirklichkeit als Person vorzustellen, wird zwar im jüdischen Verbot, den Namen Gottes auszusprechen und ihn damit zu personalisieren, immer wieder hintertrieben. Aber auch alternative Namen wie der Ewige lassen Anklänge an die Vorstellung einer Person zu. Da wir nun einmal alle als abgegrenztes, personales Ich existieren, ist es schwer, sich ein Gegenüber nicht als Person vorzustellen. Und dennoch ist dieses personal angeredete Gegenüber etwas anderes als die Projektionen der polytheistischen Götterwelt. JHWH unterscheidet sich als Präsenz und Abwesenheit vom dualen, personalen Denken und befreit sich in der Folge auch von seinen projektiven Zuschreibungen.

Man könnte auch sagen, der unsichtbare Grund allen Seins, der anwesende und zugleich abwesende JHWH, konnte nur deshalb eine Bewältigungsform des Ungewissen hervorrufen, weil es eine kultische Praxis gab, die Rituale, Gebete und Verehrungen ermöglichte. Erinnern wir uns: Nachdem der Kult des Standbildes und dessen Verehrung als Götzendienst von den Propheten gebrandmarkt und Gott in der Folge »unsichtbar« wurde, entstand in und nach der Zeit des babylonischen Exils ein »Kult der Schriftlichkeit« (Nordhofen, 2018), der sich nach der zweiten Zerstörung des Tempels durch den römischen Kaiser Titus im Jahr 70 n. Chr. im rabbinischen Judentum durchgesetzt hat. Offenbar geht es nicht ohne Kult und Rituale, auch wenn Gott theologisch als unsichtbare und transpersonale Wirklichkeit entworfen ist. Dieser Kult bezieht sich jetzt auf die Verehrung der Schriftrolle als Symbol der »Geistigkeit«, wie sie sich auch in der christlichen Liturgie als Verehrung der Bibel in Buchform erhalten hat. Dieser bipolaren Glaubensgestalt von Geistigkeit und Sinnlichkeit entspricht die psychologische Struktur unserer Persönlichkeit, die Formen der Sinnlichkeit braucht, um Beziehung aufzubauen zu dem, was der Sinnlichkeit vorausgeht, also dem Transzendenten. Ein Weg in diesen Bereich des Umgreifenden und Transzendenten ist die Erweiterung des Bewusstseins um die Dimension des Transbewussten. Darum geht es im nächsten Schritt.

Ein Schritt zum Transbewussten

Trotz der Dualisierung von Gott und Welt, die dem jüdischen Monotheismus seine aufklärerische und religionskritische Kraft ermöglichte, liegt in seiner Entstehung auch die Basis einer nondualen Sichtweise. Indem Gott, wie bereits gezeigt, zum Gegenüber wurde und nicht länger Teil der den Göttern zugeschriebenen Projektionen und Funktionen war, relativierte und transzendierte er die dual getrennte Wahrnehmung, die Projektionen überhaupt erst möglich machen.

Das Besondere im entstehenden Monotheismus ist zunächst die Tatsache, dass der eine Gott seiner eigenen Schöpfung und damit allen anderen Göttern als ein Gegenüber entgegentritt. Er ist nicht mehr Teil einer dual, in Subjekt und Objekt differenzierten Welt, sondern bildet deren Hintergrund. Dass von ihm dennoch als Gegenüber und damit im Modus des dualen Getrenntseins erzählt wird, ist der Tatsache geschuldet, dass wir ein duales, strukturiertes Ich sind mit einem gleichzeitig ozeanisch verbundenen nondualen Selbst.

Bleiben wir noch einen Augenblick beim Schritt hin zum Nondualen. Sigmund Freud beschreibt die Entstehung des monotheistischen Glaubens an den einen Gott in der Sinaigesetzgebung – symbolisiert durch die Übergabe der in Sprache gefassten Gesetzestafeln – als Schritt zur »Geistigkeit«. Dies bedeutet eine Abkehr von den Göttern, die »von Menschenhand gemacht« sind, wie es beim Propheten Jesaja heißt. Der Tanz ums Goldene Kalb steht für diese Gebundenheit an die sinnliche Wahrnehmung und die Unfähigkeit, sich selbst in seiner Wahrnehmung zu transzendieren und zur Geistigkeit eines sich im Wort offenbarenden Gottes vorzudringen. Das Volk umtanzt, was es als dreidimensionales Standbild selbst erschaffen hat, und durchschaut in seiner Sinnesfreude seine eigenen Projektionen nicht. Diese den selbst gemachten Göttern gegenüber religionskritische Position, die Freud in seiner Schrift »Der Mann Moses und die monotheistische Religion« (1939a [1934–1938]) freilegt, besagt, Gott offenbare sich nur im Medium der Schrift – die in Stein gemeißelten Zehn Gebote – und ist damit kein Gegenstand der Welt. Von einem heutigen konstruktivistischen Standpunkt aus müsste man freilich hinzufügen, dass auch die Idee eines unsichtbaren, jenseitigen, geistigen Gottes eine Idee ist, die dem menschlichen Denken entsprungen ist. Aber unabhängig von dieser erkenntnistheoretischen Frage bleibt entscheidend, dass die Welt der Sinne, der unmittelbaren Wahrnehmung, für die die Götterbilder stehen, als Täuschung und Illusion qualifiziert ist, der eine andere, nicht materielle geistige Welt gegenübergestellt wird.

Dennoch bleibt die monotheistische Revolution ein äußerst ambivalentes Phänomen: Der jüdische Monotheismus verharrt im Gehäuse einer dual gedachten Welt. Er fördert die Entwicklung eines rationalen wissenschaftlichen Bewusstseins und versucht, die Wirklichkeit auf ein einziges Prinzip zurückzuführen. Damit schafft der Monotheismus aber auch eine aggressive Konfrontation mit der Welt, wodurch Gott von seiner Welt getrennt und somit auch der Mensch zu einem von der Umwelt abgetrennten und autonomen Wesen wird. Die Diskussion der letzten Jahre, ob der Monotheismus gewaltsam sei, thematisiert die Folge dieser Gotteserzählung. Das auf Autonomie und Emanzipation ausgerichtete Menschenbild der Psychoanalyse ist so gesehen ein direkter Abkömmling monotheistischen Denkens. Nicht umsonst hat sich Freud zeitlebens mit den Wurzeln des jüdischen und ägyptischen Monotheismus beschäftigt und deren »Fortschritt in der Geistigkeit« hervorgehoben.

Demgegenüber plädiert eine nonduale Sicht für einen Modus der Verbindung von Selbst und Welt, wie er unter anderem auch von Hartmut Rosa (2020) vertreten wird. Das dem dualen Denken zugrunde liegende Aggressionsverhältnis als Grundmodus der Moderne hat zwar Wissenschaft und Technik ermöglicht, aber auch Entfremdung im Sinne von »beziehungsloser Beziehung« (ebd., S. 37). Besonders in der Psychotherapie wirkt sich die Überwindung von Beziehungslosigkeit besonders heilsam aus. Wenn es gelingt, Verbundenheitszustände entstehen zu lassen, und zwar solche, die über eine intersubjektive Verbundenheit hinausgehen und eine transsubjektive Verbundenheit mit dem Sein ermöglichen, öffnet sich eine neue Dimension des innerseelischen Raumes. Solche Erfahrungen fördern die Autonomie, weil sich die Therapeutin in der nondualen Dimension auf einer Ebene mit dem Patienten befindet. Beide fühlen sich mit einem Dritten verbunden, das transsubjektiv ist und die intersubjektive Getrenntheit beider nicht infrage stellt oder gar auflöst. Diese Erfahrung vermag die beiden Grundformen der Angst zu beruhigen, in denen sich das Ungewisse des Lebens zeigt: die Angst vor Verlust, Isolation und Ausgeschlossensein sowie die Angst vor Verschlungen- und Ausgelöschtwerden.

Der jüdische Monotheismus beruhigt Ungewissheit und Angst, indem er der Dualität der sichtbaren Welt eine andere, unsichtbare Welt gegenüberstellt. Dadurch überschreitet er die Welt des Materiell-Sinnlichen hin in einen anderen Wirklichkeitsbereich, für den der Gottesname JHWH steht, und zwar in seiner Dynamik von Anwesenheit und Abwesenheit zugleich. Vermutlich unterscheidet er sich darin von der eher starr anmutenden Metaphysik der griechischen Philosophen, in denen das Unsichtbar-Metaphysische als objektives, unveränderliches Sein gedacht wird, das nicht mehr verbunden ist mit seiner erfahrenen Präsenz.

Von dieser »Metaphysik der Objektivität« (Vattimo, 1997) unterscheidet sich die aufkeimende neue Sichtweise, die in der Welt des hebräischen Monotheismus entstand und in der Person eines jüdischen Wanderpredigers namens Jesus aus Nazareth fortgesetzt wurde. Mithilfe seiner Person wurde von den ersten christlichen Theologen, den Autoren des Neuen Testamentes und den frühen Kirchenvätern die bewusstseinsgeschichtlich revolutionäre Vorstellung geboren, die die Dualität (Gott – Mensch, Materiell – Geistig, Diesseits – Jenseits, Leben – Tod) hin zu einer Einheit und Verbundenheit beider Dimensionen übersteigt: Die Fleischwerdung des ewigen Logos geschieht modellhaft in einem Menschen, in Jesus von Nazareth, wie es im Johannes-Prolog heißt: »Und das Wort ist Fleisch geworden« (Joh 1,14). Dies ist bewusstseinsgeschichtlich betrachtet der entscheidende Schritt zu einem integralen Bewusstsein. Waren zuvor Himmel und Erde auseinandergetreten, um eine rationales, auf Dualität und Differenz beruhendes Bewusstsein zu ermöglichen – dafür steht auch der jüdische Monotheismus –, so rückt jetzt die Verbindung von Himmel und Erde, von Gott und Mensch in den Mittelpunkt. Die Dualität wird erweitert um eine nonduale Perspektive, ohne dass die Getrenntheit und Verschiedenheit der beiden Welten, Himmel und Erde, aufgelöst werden. In den späteren großen frühchristlichen Konzilien wird nach Formulierungen gesucht, die es möglich machen, die Figur der Bipolarität von göttlich und menschlich in ihrer Verschränkung und Bezogenheit zu denken. Voraussetzung für diesen Vorgang ist die Inkarnation als der entscheidende Moment des Christentums gegenüber dem auf Getrenntheit und Differenz von Gott und Mensch beruhenden Monotheismus jüdischer und islamischer Prägung.

Das Prinzip »Inkarnation« im Christentum

Aufgrund der Behauptung der Verleiblichung des Wortes kann man von der Inkarnation als dem grundlegenden und unterscheidenden Merkmal gegenüber den anderen monotheistischen Religionen sprechen. Diese Inkarnation wird nicht erst durch die Deutung des Johannes von der Fleischwerdung des Wortes thematisiert, sondern ergibt sich aus der Praxis Jesu, wie sie die synoptischen Evangelien überliefern.

Die Hauptkonfliktlinie im Leben Jesu, wie sie die Evangelien zeichnen, ist der letztlich tödlich ausgehende Streit zwischen ihm und den Schriftgelehrten. Diesen Konflikt kann man wohl nur in seiner tieferen Bedeutung abschätzen, denn Jesus selbst hat kein einziges Schriftstück hinterlassen. Er hat nur gesprochen, erzählt und gehandelt. All das sind flüchtige Taten, deren Wirksamkeit an den Augenblick des Vollzugs gebunden ist. Die Schriftgelehrten hingegen verfügen über die letzte Wirklichkeit Gottes in festgeschriebenen Sätzen, die sie auslegen und über die sie streiten können. Dieser Streit um die Bedeutung des Augenblicks im Gegensatz zur Bedeutung von objektivierbaren Sätzen spiegelt den Anspruch Jesu wider: Die Wirklichkeit Gottes – so deutet es Paulus – begegnet dem Gläubigen nicht im Gesetz, das heißt in objektiven Sätzen, sondern im »Fleisch«, das heißt im menschgewordenen Logos, der nur in der subjektiven Erfahrung zugänglich ist.

»Ich und der Vater sind eins« (Joh 10,30) ist wohl einer der Sätze, die diese neue Sicht auf die Wirklichkeit widerspiegeln: Es ist die Überwindung der Dualität von Materie und Geist, von Mensch und Gott. Indem auch die neutestamentlichen Autoren diese Behauptung Jesu von der Einheit Gottes und des Menschen, die für ihn und für jeden gilt, fortschreiben, breitet sich diese Nondualität und Verbundenheit aus, ohne die je eigene Wirklichkeit des Materiellen und Geistigen zu leugnen.

Man könnte seine Behauptung, der Vater und er seien eins und es gebe keine Differenz zwischen ihnen, als narzisstische Größenfantasie Jesu abtun, wie es zum Beispiel der französisch-ungarische Psychoanalytiker Béla Grunberger (Grunberger & Dessuant, 2000, S. 146) tut. Angesichts dieser Kritik ist es notwendig, auf den psychologischen Unterschied zwischen einer rückwärtsgewandten, letztlich destruktiv-regressiven Vorstellung von Allmacht und Unbegrenztheit und einer produktiven, Hoffnung und

Heilung vermittelnden Vorstellung hinzuweisen. Dieser Unterschied zwischen »re« bzw. »prä« und »trans« lässt sich für den christlichen Kontext sehr gut anhand der Unterscheidung vom »verlorenen Paradies« und dem verheißenden »Reich Gottes« in der Verkündigung Jesu zeigen. Der Inhalt seiner Botschaft, wie er in der theologischen Deutung der nachösterlichen Gemeinde akzentuiert wird, besteht zentral nicht in der Verheißung einer Rückkehr ins Paradies, sondern in dem Versprechen, dass das Reich Gottes jetzt angebrochen sei. Wichtig ist der Verweis auf das Jetzt, denn das Bild vom Reich Gottes besteht im Kern in einer auf die Gegenwart bezogenen Hoffnung: Nicht eine nostalgische, die Vergangenheit herbeiwünschende Sehnsucht bestimmt diese Vorstellung, sondern eine auf die Gegenwart bezogene Perspektive: »Das Reich Gottes ist mitten unter Euch« (Lk 17,21). Jesus behauptet, dass genau jetzt, in dem Augenblick, in dem er spreche, das Reich Gottes gegenwärtig sei. Man könnte von einer präsentischen Utopie sprechen, die den Einzelnen ins Jetzt führt und die Anhaftung an die Vergangenheit auflöst: »Keiner, der die Hand an den Pflug gelegt hat und nochmals zurückblickt, taugt für das Reich Gottes« (Lk 9,62). Mit dieser von Jesus verkündeten, auf das Jetzt bezogenen Hoffnung auf Heil unterläuft er alle mentalen Konzepte, die auf eine nostalgische Vergangenheit oder eine illusionäre, von Wunschfantasien geprägte Zukunft bestimmt sind. Damit eröffnet Jesus eine Perspektive, die sich aus dem Unterschied von einer rückwärtsgewandten narzisstischen Sehnsucht, die so schnell in Gewalt umschlagen kann, und einer auf die Gegenwart bezogenen Utopie ergibt. Das von Jesus verkündete Reich Gottes beinhaltet keine narzisstische Zeitlosigkeit im Sinne einer Vermeidung von Zeit, Begrenztheit und Sterblichkeit, sondern fordert vielmehr auf, die physikalisch ablaufende Zeit zu überschreiten. Das setzt voraus, dass die Akzeptanz von Raum und Zeit erreicht ist, um sie dann transzendieren zu können. Diese beiden Formen des Zeiterlebens könnte man als regressiv und transgressiv bezeichnen. Die Differenz macht den Kern dessen aus, was eine produktive Bewältigung der Ungewissheit von einer destruktiven Form der Leugnung der Unwägbarkeit durch vermeintlich sichere, regressive und fundamentalistische Positionen unterscheidet.

Gegenwartsbezogene Utopien, die dem Jetzt Raum geben und damit die Fähigkeit zu Glaube, Hoffnung, Liebe als die drei Formen der Bewältigung von Ungewissheit begründen, setzen, wie bereits beschrieben, voraus, dass ein Mensch in die konflikthafte Welt der Polarität eingetaucht ist und nun bereit ist, die paradiesische Welt der Zeit- und Konfliktlosigkeit zu verlassen (vgl. hierzu Funke, 2020). Anders gesagt: Man kann das an Raum und Zeit gebundene Ich nur hinter sich lassen, wenn es zuvor ein Ich gibt, das überschritten werden kann. Und diese Ich-Werdung geschieht im Durchleben von Ungewissheiten, wie sie in den fünf Dimensionen des inneren Raumes beschrieben wurden. Frucht dieser bewältigten Ungewissheitskonflikte ist das Akzeptieren von Begrenztheit und Endlichkeit. Genau dies wird an einer zentralen Geschichte im Leben Jesu deutlich: der Versuchung durch den Teufel in der Wüste. Diese Szene ist in den Evangelien nach den Kindheitsschilderungen Jesu und vor seinem öffentlichen Auftreten platziert, markiert also genau die Entwicklungsaufgabe vom Kind/Jugendlichen hin zum Erwachsenen. Hier muss Jesus dreimal Nein sagen zu den Verlockungen des Teufels, die letztlich einer Verführung zur Rückkehr ins Paradies gleichkommt: allmächtig zu sein und ohne Begrenzung und Versagung zu leben. Jesus lernt durch sein Nein zu einem abgegrenzten Ich zu werden. Damit ist er – psychologisch gesehen – im Stande, erwachsen zu werden und seine Berufung zum Messias als seinem Lebensauftrag anzunehmen.

Die individuelle und kollektive Entwicklungsgeschichte von Individualität macht deutlich, dass ein Mensch zuerst die duale Welt der Konflikte, der Zeiterfahrung und damit das Aufgeben kindlicher Allmachtsfantasien durchlaufen haben muss, um imstande zu sein, produktive Utopien – im Fall Jesu die Verkündigung des Reiches Gottes als Gegenwart – zu leben und nicht in die destruktive Fantasie eines pathologischen Narzissmus von Allmacht und Unbegrenztheit zurückzufallen. Die christliche Erzählung, dass Jesus zwar »Gott gleich war«, aber nicht daran festhielt, »wie Gott zu sein« (Phil 1,6), bringt auf den Punkt, dass der überwundene Narzissmus der Allmacht die Voraussetzung dafür ist, die »Gottgleichheit«, den Zustand der nondualen Einheit, nicht als Abwehr zu leben, sondern als Folge der Akzeptanz der Begrenzung. Unter dieser christlichen und psychoanalytischen Voraussetzung wende ich mich im Folgenden dem Transbewussten zu, mit dem also jener Bereich des Bewusstseins gemeint ist, der im religiösen Sprachgebrauch als »Gottgleichheit« bezeichnet wird; und weniger poetisch formuliert: der das Denken übersteigende transbewusste Zustand der Wahrnehmung von Wirklichkeit.

Die spirituellen Traditionen als Zugang zum Transbewussten

Die spirituellen Traditionen sowohl westlicher als auch östlicher Philosophien und Religionen haben den Einheitsanspruch von Subjekt und Objekt, Diesseits und Jenseits, Gott und Mensch immer im Bewusstsein behalten, auch wenn sie im Abendland anders als in Asien stets ein Randphänomen der großen monotheistischen Religionen geblieben sind. Mehr noch wurden sie mitunter bekämpft, weil sie das auf Trennung von Mensch und Welt basierende Machtgefüge einer Gesellschaft oder der Kirche gefährdeten, vor allem wenn sich die Mächtigen mit göttlicher Autorität ausstatteten. Demgegenüber ist der Mystiker nicht auf die Vermittlung durch Priester oder andere Autoritäten angewiesen, weil ausschließlich seine eigene Erfahrung sein einziger Lehrmeister ist. Das ist das gesellschafts- und institutionskritische Potenzial des Mystikers.

Diese kritische Kraft gründet in seinem Kontakt zum Transbewussten, einem Bewusstseinszustand jenseits der Subjekt-Objekt-Trennung, der, wie gesagt, eigentlich kein Zustand, sondern eher Nicht-Zustand und Leerheit ist. Dieser Bewusstseinsmodus ist ein Feld, in dem es kein Subjekt und kein Objekt mehr gibt, keine Dualität. Beides ist verschmolzen. Das Transbewusste entsteht im Prozess des Loslassens dualen, objektbezogenen Denkens und Wahrnehmens. Es geht über das Benennen von Bedeutung und Sinn hinaus, da diese Kategorien wiederum dual gedacht sind. Das gemeinsam verbindende Sein wird im transbewussten Zustand eher geteilt, manchmal im Schweigen, es wird implizit wahrgenommen, ohne benannt zu werden.

Hier bietet sich noch einmal der Vergleich mit dem Unbewussten der Psychoanalyse an. Während das Konzept des Unbewussten die Vorstellung hervorruft, es liege unterhalb des Bewusstseins, so wie der Primärprozess »unter« dem Sekundärprozess, geht das Transbewusste »über« das Bewusstsein hinaus. Diese Unterscheidung von »re« bzw. »prä« auf der einen und »trans« auf der anderen Seite ist deshalb so bedeutsam, weil sich so nonduale Zustände von regressiven Phänomenen des Rückschritts auf einen kindlichen Zustand unterscheiden lassen. Das Gemeinsame dieser beiden Funktionsweisen des Bewusstseins als Unbewusstes oder

Transbewusstes besteht darin, dass sie keine Logik, keine Verneinung, keine Zeit, keine Getrenntheit kennen.

Für das Unbewusste hat Sigmund Freud dieses Fehlen logischer und mentaler Kategorien besonders hervorgehoben, indem er es auf der vertikalen Linie des Bewusstseins nach » unten « in den Bereich des Unbewussten verlängert hat. Unterhalb des Bewusstseins liegt damit der Bereich der Verdrängung, das dynamisch Unbewusste, das sich aus dem Konflikt zwischen Trieb und Überich herleitet, und der Triebe, die dem Lustprinzip folgen und nicht dem Realitätsprinzip, dem die Logik des Denkens angehört.

Auf der horizontalen Linie liegt das intersubjektiv entstandene Unbewusste: Auch dies geht auf die Verdrängung von dem zurück, was sich relational in den Beziehungen, zum Beispiel der Familie, ereignet und nicht wahrgenommen werden soll, etwa wenn ein Kind einem Elternteil gegenüber in eine ersatzpartnerschaftliche oder missbräuchliche Position gerät.

Wenn man nun die vertikale Linie des Bewusstseins nach » oben « verlängert, dringen wir in den Bereich des Transbewussten vor. Wie sich das grafisch darstellen lässt, zeigt die folgende Abbildung:

Nondual-Transbewusstes

Relationales Unbewusstes ⟵ ⟶ Relationales Unbewusstes

Dual-(dynamisch-)Unbewusstes

Die Erweiterung des Bewusstseins in den Bereich des Transbewussten setzt eine umfassende Theorie des Bewusstseins voraus, die auch die Evolution des Bewusstseins in der Menschheitsgeschichte berücksichtigt. Zwar hat Freud dieses Transbewusste erahnt, er blieb aber skeptisch, wie seine Ablehnung des ozeanischen Gefühls zeigt. Zu sehr war er dem wissenschaftlichen Paradigma der Subjekt-Objekt-Spaltung als Basis von

Erkenntnis und Wissenschaft verhaftet. Dennoch hatte Freud mit seinem Konzept des Unbewussten das duale Paradigma insofern infrage gestellt, als er im Unbewussten ähnlich geltende Regeln wie auch im nondualen, transbewussten Bereich entdeckte: keine Logik, keine ablaufende Zeit, keine Separabilität, kein Gesetz vom Widerspruch. Aufgrund seiner eigenen traumatischen Erfahrung durch die fehlende Bindung mit der Mutter und der dadurch ausbleibenden positiven Einheitserfahrung konnte er die Bewegungen ins Transbewusste nur als Regression verstehen und musste sie pathologisieren.

Bringt man nun beide Bewusstseinszustände, den dualen personalen und den nondualen transpersonalen Aspekt, in einen Dialog, stellt sich die Frage, ob der nondualen Einheitserfahrung des Selbst eine ontologische, also seinshafte, transsubjektive Realität entspricht oder ob es sich dabei um einen durchaus nützlichen Bewusstseinszustand handelt, der aber mit keiner objektiven, unabhängig von unserem Bewusstsein existierenden Realität vergleichbar ist.

Hierzu zunächst ein Hinweis aus den Neurowissenschaften: Die spirituellen Bewegungen in Ost und West, also diejenigen, die einen nondualen Zugang zur Wirklichkeit verfolgen, bemühen sich, auch ihre eigenen Konzepte wie Selbst, Nondualität oder Einssein als mentale Illusion zu durchschauen. Am deutlichsten wird das an jenem buddhistischen Begriff, der sich mit »Leerheit« übersetzen lässt. Die moderne Hirnforschung zeigt auf, warum uns diese »De-Ontologiesierung« der Vorstellungen vom Transbewussten so schwerfällt. Das Argument der Neurowissenschaften lautet: Alle Begriffe, auch die von Nondualität, Illusion, Gegenwärtigkeit, Selbst, Allverbundenheit, zeitlosem Jetzt, Sein, Gott und sogar die von Leerheit erzeugen Repräsentationen im Gehirn. Dadurch ergibt sich im Hinblick auf die Bewertung dieser spirituellen Vorstellungen und anderer Repräsentationen eine Besonderheit: Weil es keinen Bezugspunkt außerhalb des neuronalen Netzwerkes gibt, auf den sich das Hirn als Referenzpunkt beziehen könnte, erlebt es sich selbst als transparent und kann wegen dieser Transparenz die Repräsentationen nicht als eigene Repräsentationen durchschauen, sondern hält sie für Realität. So sind die Vorstellungen von Ich und Selbst, aber auch die von Nicht-Selbst und Leerheit nichts anderes als nützliche Repräsentationen, damit wir handlungsfähig bleiben.

Es besteht die Gefahr, aus ihnen eine ontologische Wirklichkeit abzuleiten. Die Idee des Jetzt zum Beispiel ist nützlich, weil sie die Zeit anhält und aus der physikalischen Zeit eine psychische Zeit macht, sie bleibt aber Produkte unserer neuronalen Aktivität, so der Mainstream der Hirnforschung. Den spirituellen Vorstellungen wie Nondualität, Zeitlosigkeit, Leerheit kommt keine objektive transpersonale Realität zu. Das Argument lautet: Ohne Gehirne gäbe es die Welt nicht als Vorstellung, wobei die spirituellen Konzepte eben auch zu dieser Welt gehören. Gegen ein solches Argument ließe sich Folgendes einwenden: Auch die Idee, dass es ohne Gehirne keine Welt gebe, ist eine Vorstellung, die das Gehirn aufgrund seiner Transparenz nicht mehr als eigene Vorstellung von sich selbst durchschauen kann. Mithin enthält auch diese neurowissenschaftliche Aussage keinen Wahrheitsgehalt. Auch die folgende Behauptung wirft weitere Fragen auf: Sind die Vorstellungen von unserem Ich, dem Transbewussten, unserem Gehirn und seinen Funktionsweisen sowie alle anderen Konzepte von Selbst und Welt bloß nützlich und hilfreich oder kommt ihnen trotz ihrer Anbindungen an die neuronalen Netzwerke des Gehirns irgendein Wahrheitsanspruch zu? Auf der neurowissenschaftlichen Ebene ist diese wahrheitstheoretische Frage nicht zu beantworten. Vereinfacht gesagt geht es um folgende Alternative: Bringt das beobachtende Ich-Bewusstsein, also das Gehirn, die Vorstellung von einem alles umfassenden Sein hervor oder bringt das alles umfassende Sein das Ich-Bewusstsein und damit auch das Konzept »Gehirn« hervor? Gibt es eine Welt »hinter« der Welt unserer mentalen Konstrukte? Gibt es etwas Objektives, Transsubjektives hinter den subjektiven Konzepten?

Diese Frage hat die Philosophen schon immer beschäftigt. Das Zeitalter der Metaphysik ist für die meisten Philosophen längst an sein Ende gekommen. Ging man im metaphysischen Zeitalter noch von der Annahme aus, dass das eine, absolute Sein hinter den verschiedenen Erscheinungsformen der seienden Einzeldinge existiert, so wurde diese Annahme von einer objektiven ontologischen Wirklichkeit hinter den Weltphänomenen seit den Aufklärungsprozessen des Denkens von Immanuel Kant bis in die Zeit modernster Kognitionswissenschaften infrage gestellt und überwunden. Die Metaphysik der Objektivität war offensichtlich an ihr Ende gestoßen.

Diese nachmetaphysischen Positionen gehen davon aus, dass es immer denkende und wahrnehmende Subjekte sind, die über die Welt »hinter«

der Welt, also über das absolute Sein, Aussagen treffen. Auch die Vermutung, es gebe ein Transbewusstsein, ist ein von uns selbst erschaffenes Konzept, das über keinen Bezugspunkt außerhalb unserer Wahrnehmung verfügt. Ebenso subjektiv ist die spirituelle Erfahrung, man bekäme durch Selbstbeobachtung Abstand von allen mentalen Konzepten, werde zum Beispiel beim Meditieren eins mit dem Transsubjektiven und durchschaue den Illusionscharakter dieser Konzepte, da sie an das eigene Gehirn gebunden bleiben. Dass es sich dennoch um nützliche, heilsame und heilende Erfahrungen handeln kann, wird von spirituell Praktizierenden bestätigt. Dennoch lässt sich daraus nicht schließen, dass es die erfahrene Nondualität, die sich dem Meditierenden hinter der Vielheit und Differenz der Dinge auftut, auch objektiv gibt. Das gleiche gilt auch andersherum: Dass die Nondualität als reines, absolutes Sein hinter der Welt der Phänomene objektiv nicht existiert, ist eine im menschlichen Gehirn entstandene Vermutung, die damit bedingt und erzeugt wurde.

Auch das Konzept »Gehirn und seine Funktionsweisen« entstammt dem Gehirn, das seine Metarepräsentationen nicht mehr als seine eigenen durchschauen kann. Da es keine Instanz außerhalb des Gehirns gibt, mit deren Hilfe die Wahrheit über ein absolutes Sein überprüft werden könnte, sollte diese Frage nach dem ontologischen Status des Transbewussten nicht gestellt werden. Sie bildet gar keine Kategorie. Für diesen Verzicht auf Objektivität steht im Buddhismus der Begriff »Leerheit«, im Christentum könnte man hier an die neutestamentliche Erzählung vom »leeren Grab« denken, das gerade die nichtpersonale und nichtkörperliche Anwesenheit des Auferstandenen ausdrückt, statt ein objektivierendes Vorhandensein seiner Person anzunehmen.

Wenn man die Anhaftung an objektivierende Konzepte aufgibt, kann an deren Stelle ein Prozessdenken treten, das von einem ständigen Fluss von Veränderungen ausgeht und die Vorstellung von autonom und unveränderlich existierenden Dingen, Personen und Konzepten aufgibt. Stattdessen führt es weiter, die Idee von getrennten Objekten, wie sie die abendländische Substanzphilosophie hervorgebracht hat, hinter sich zu lassen zugunsten der Vorstellung eines Beziehungsfeldes, welches die eigentliche Wirklichkeit darstellt. Deshalb will zum Beispiel der Meditierende, dem sich die Vorstellung eines objektiv gegebenen Transbewusstseins oder seines wahren Selbst aufdrängt, die Frage nach deren Existenz

111

nicht beantworten. Vielmehr ist er daran interessiert, dass sich alles rund um diese Frage und die sich damit verbindende mentale Vorstellung auflöst, um wieder im Prozess der Veränderung und damit im Jetzt zu sein.

Transbewusstheit als Bewältigung des Ungewissen

Worin besteht nun aber die lebenspraktische Bedeutung der nondualen, transpersonalen Sicht? Wie bereits gesagt, unterscheidet sich die Art, wie wir die Wirklichkeit erfahren, im nondualen Modus grundlegend von der dualen, auf Subjekt-Objekt-Trennung basierenden Erkenntnisweise. Während Letztere auf die Objekte der Außenwelt bezogen bleibt und alles Wahrgenommene der Realität zuspricht, relativiert die transpersonale Form der Wahrnehmung diesen Objektivismus. Der Fokus liegt nunmehr auf dem Moment der Wahrnehmung, dem Vorgang des Erkennens und weniger auf dem Inhalt des Wahrgenommenen und Erkannten.

Um die Bedeutung der transbewussten Dimension für die Bewältigung von Ungewissheit zu erfassen, komme ich auf eine von mir an vielen anderen Stellen getroffene Unterscheidung von Ich und Selbst zurück (Funke, 2011). Beide Instanzen stehen für zwei Bewältigungswege der Ungewissheit. Sie stehen letztlich auch für den auf Reflexion ausgerichteten psychoanalytischen und den auf Transzendierung angelegten spirituellen Weg.

Das Ich definiert sich durch Abgrenzung von der Umwelt, das heißt von allem, was Nicht-Ich ist. Es gehört also zum intersubjektiven dualen Paradigma der Welterfahrung. Indem sich das Ich abgrenzt, entwickelt es so etwas wie eine Identität. Gleichzeitig entsteht Ungewissheit, wie sie in den fünf Dimensionen dargestellt wurde.

Das Ich ist also eine zwiespältige Instanz: Wir brauchen es lebensnotwendig, um überhaupt ein Existenzgefühl zu entwickeln, uns mit anderen zu verständigen und in Kontakt mit der Welt zu treten; zudem befähigt uns das Ich zur Selbstreflexion, zu vernünftigem Handeln und dazu, uns die Welt verfügbar zu machen.

Die andere Seite ist, dass das Ich ständig Vorstellungen von sich selbst entwickelt, mit denen es sich identifiziert: Name, Geschlecht, Beruf, Familienstatus, Krankheiten, Hobbys usw. Diese Identifikationen stabilisieren das eigene Ich, lassen es bisweilen mächtig erscheinen und bedienen den eigenen Narzissmus: jemand Besonderes und womöglich besser zu sein als andere. Diese Konzepte, die das Ich von sich selbst entwickelt, erscheinen der eigenen Person dann wie unumstößliche Wahrheiten, weil das eigene Ich nur schwer erkennen kann, dass es diese selbst entwickelt hat. Es tut so, als wären sie objektiv gegeben und weniger konstruiert. Die damit erreichte psychische Stabilität des Ichs hat aber ihren Preis: Die Konzepte legen fest und lassen den inneren Freiraum schrumpfen, weil sich das Individuum gar nicht mehr vorstellen kann, sich außerhalb seiner festgelegten Mauern zu bewegen.

An dieser Stelle kommt unser Selbst ins Spiel. Es ist jener Teil unserer Person, der nicht durch Abgrenzung und Unterscheidung entstanden ist, sondern in dem der »ozeanische Zustand« erhalten geblieben ist. Unser Selbst gehört also dem nondualen Verbundenheitsmodus an, nach dem wir uns immer als Teil von etwas größerem Ganzen empfinden. Das Selbst lebt nicht von Konzepten wie das Ich, sondern hält diese für eine Illusion unseres Geistes, die zwar nützlich ist, aber ohne jeglichen Wahrheitsanspruch. Mit dem Selbst können wir uns die Vorstellungen, die unser Ich von sich selbst aufbaut, übersteigen. Das Selbst besitzt eine Ahnung davon, dass Getrenntheit und Identität nicht die letzten Realitäten sind, sondern nur einen Bereich der Realität, nämlich den durch Subjekt-Objekt-Spaltung erzeugten, darstellt.

Die Erfahrung des Selbst wird dadurch aktiviert, dass wir uns dem Bereich des Denkens, Sprechens und Handelns entziehen, indem wir zum Beispiel Räume der Stille aufsuchen und Gegenwärtigkeit wie Meditation und Kontemplation praktizieren, durch die die trennende Tätigkeit des Geistes zur Ruhe kommt und wir eine Ahnung davon entwickeln, dass es hinter dem Denken noch etwas anderes gibt, so wie man der Stille hinter den Geräuschen gewahr werden kann. Je vertrauter ein Mensch mit diesem anderen Realitätsbereich ist, desto deutlicher erkennt er, dass den Gedanken, die er sich über sich selbst macht, keine letzte Bedeutung zukommt. Die Gedanken und alle Abkömmlinge des dualen Wahrnehmens werden zwar nicht geleugnet oder als überflüssig erklärt – das wäre die Torheit, die uns manche Esoteriker zumuten –, sondern in ihrem Wirkungsbereich eingeschränkt. Das Ich soll nicht abgeschafft oder als »Ego« – mit abwertendem Unterton – herabgesetzt, sondern gewürdigt werden in seinen Funktionen, die auch unser spirituelles Selbst braucht. Ihm wird lediglich eine andere innere Instanz, das Selbst, an die Seite gestellt, sodass eine Ich-Selbst-Ganzheit entsteht. Dieser Ich-Selbst-Ganzheit entsprechen der psychoanalytisch-reflexive Weg und der spirituell-überschreitende Weg, und zwar in bezogener und nicht gegensätzlicher Weise.

Es ist also das Ich in seinem Bedürfnis zu denken und zu konzeptualisieren, das die Wirklichkeit erschafft, die ihm vermeintliche Sicherheit gibt. Gleichzeitig wird dadurch aber auch Ungewissheit in ihm erzeugt: Spiritualität bedeutet also im Kern einen Verzicht auf Inhalte, die man für wahr hält oder an die man glaubt. An die Stelle der Inhalte treten reine Präsenz und Stille, die entstehen, wenn wir die Anhaftung an die Konzepte von Welt und Ich aufgeben. Damit ist das Kap der Ungewissheit umschifft, eine Ungewissheit, die wie bei zahlreichen spirituellen Wegen auf Unwissenheit beruht, eine Unwissenheit, die sich der Einsicht in den Illusionscharakter unserer Konzepte entzieht.

Der psychoanalytische und der spirituelle Weg

Das Entscheidende für unsere Frage nach dem Ungewissen ist die Behauptung, dass das Selbst erst das Ergebnis davon ist, dass wir unsere Konzepte nicht mehr als eigene Produkte unserer Anschauung erkennen, sondern sie für bare Münze nehmen. Damit sind bereits einige Hinweise gegeben auf die Frage, in welchem Verhältnis sich die beiden Bewusstseinsformen, das personale und das transpersonale, befinden, also der psychotherapeutische und der spirituelle Weg. In Abwandlung des berühmten Satzes von René Descartes: »Ich denke, also bin ich.« (Cogito ergo sum) formuliert Paul Valery: »[M]anchmal denke ich; und manchmal bin ich« (zit. n. Zwiebel, 2019, S. 243). Damit verwandelt sich das kausale Verhältnis in ein polares Nebeneinander.

Für die Alltagspraxis bedeutet das, neben dem personalen Ich-Bewusstsein, welches sich durch duales Denken von der Welt unterscheidet, ein transpersonales Bewusstsein aufrechtzuerhalten, welches die Trennung von der Welt insofern als Illusion erkennt, als sie aus dem eigenen Ich etwas Festes, Unabhängiges und Substanzhaftes zu machen versucht. Dadurch erscheint uns das eigene Ich und die Welt als etwas Objektives und Gegebenes und wir realisieren nicht, dass dies unser eigenes Konstrukt ist. Die nützliche De-Objektivierung geschieht durch die Haltung der Aufmerksamkeit, mit der die eigenen Gedanken und Gefühle wahrgenommen werden. Dadurch gelangen wir ins Jetzt und können Abstand nehmen von unseren mentalen Konzepten bezüglich Vergangenheit und Zukunft. Hilfreich ist dabei die nicht-wertende Einstellung der Zeugenschaft für das, was geschieht.

Unter Rückgriff auf das Buch des Zen-Meisters Shunryu Suzuki *Zen-Geist Anfänger-Geist* (2007 [1970]) betont Ralf Zwiebel (2019, S. 262–266) die Haltung eines für den gegenwärtigen Moment offenen Geisteszustandes, der nicht auf angehäuftem Wissen und erprobten Konzepten beruht, sondern auf der Aufmerksamkeit für den jeweiligen Augenblick. Durch diese Anfänger-Haltung entsteht eine Bereitschaft, Achtsamkeit für den Moment des Jetzt aufkommen zu lassen und damit Neues zu ermöglichen.

Für die Verhältnisbestimmung von personal-dualen und transpersonal-nondualen Aspekten habe ich an anderer Stelle das Modell der »Verschränkung« erarbeitet. Ich gebe hier einen Gedanken wieder, der die Verschränkung am Beispiel vom dualen Getrenntsein und nondualen Einssein im Hinblick auf die Psychotherapie deutlich macht:

> »Das Arbeiten an der inneren Getrenntheit und damit an der Autonomie des Patienten wird im Konzept der Verschränkung erweitert um solche Momente, die das Einssein und die Hingabe an das Sein ermöglichen. Einssein meint nicht nur das Regredieren in den symbiotischen Modus der Beziehung, sondern ein Zusammenpassen von unbewussten Erwartungen und Anpassungsbereitschaften beider Interaktionsteilnehmer in der therapeutischen Dyade [...]. In der Regel werden dabei ozeanische, entgrenzende Selbstanteile aktiviert, ohne begrenzende Ichanteile aufzuheben [...]. Erlebnisse von Einssein setzen also ein intaktes, abgegrenztes Ich voraus, das diese Überschreitung vornimmt. Deshalb darf Einssein nicht auf Kosten der Subjekt-Objekt-Differenzierung gehen. Die innere Personengrenze, die zwei Menschen voneinander trennt, soll nicht durch Grenzenlosigkeit ersetzt werden. Vielmehr kann diese Grenze nur überschritten werden, wenn es zuvor eine Grenze gibt, die überschritten werden kann. Anders gesagt:

Regression und Transgression dürfen nicht verwechselt werden. Transgression setzt ein stabiles und funktionsfähiges Ich voraus und ersetzt dieses nicht.

Anzeichen für pathologische Entgrenzungen sind dann gegeben, wenn zum Beispiel jemand die Bearbeitung eines Konflikts umgeht und sich stattdessen auf esoterische Positionen bezieht. Oder wenn die innere Abgegrenztheit fehlt und an die Stelle ein vages Bedürfnis nach Einsein tritt. Das ist zum Beispiel dann der Fall, wenn in einer Therapie oder Paarbeziehung der Modus der Verschmelzung und Unabgegrenztheit rationalisiert wird und die Erfahrung des Abgegrenztseins vom Beziehungspartner vermieden wird (›Als Paar muss man doch zusammenpassen‹)« (vgl. Funke, 2019, S. 340f.).

Anders formuliert kann man sagen, dass es um die Polarität und Dynamik von Begrenztheit und Entgrenzung geht. Unser personales Ich-Bewusstsein setzt Grenzen, unser transpersonales Selbst-Bewusstsein überschreitet diese. Die Entgrenzung ist also kein Rückschritt in einen kindlichen Modus der Weltbeziehung, sondern ein Überschreiten, das ein abgegrenztes und funktionsfähiges Ich voraussetzt. Im Ich wird die Ungewissheit des Lebens angenommen, im Selbst wird sie nicht aufgehoben, sondern überschritten. Dieses Überschreiten wurzelt im Gewahrwerden, dass in der dualen Trennung von der Welt der Grund für das Leiden an der Ungewissheit liegt.

Die Heilung und Wiederherstellung des inneren Raumes als sicheren Ort geschieht in der Doppelperspektive von Bewusstwerdung und Reflexion auf der einen und Loslassen der Anhaftung an diese Erfahrung auf der anderen Seite. Dabei möchte ich noch einmal betonen, dass Loslassen im Sinne des spirituellen Gewahrwerdens der Konzepte von uns Selbst nur gelingt, wenn die Verletzungen zuvor reflektiert und durchgearbeitet worden sind. Spirituelles Loslassen ist etwas anderes als das Loswerden von etwas (vgl. Zwiebel, 2019, S. 238). Losgelassen werden kann nur das, was zuvor wahrgenommen und akzeptiert worden ist. Nur in dieser Verschränkung macht eine Integration der spirituellen Dimension in die psychotherapeutische Arbeit einen Sinn. Man kann diese Verschränkung beider Zustände auch mit der Begrifflichkeit von Ich und Selbst fassen: Wir sind ein Ich-Selbst, das beide Zustände, den der Begrenztheit und

Dualität (Ich) und den der Überschreitung der Begrenztheit in die Nondualität (Selbst), in eine sich ergänzende, integrierte Ganzheit bringt.

Diese Ich-Selbst-Ganzheit symbolisierte sich im christlichen Kontext im Doppelnamen »Jesus Christus«. Während der Eigenname Jesus für den irdischen Menschen steht, also für das begrenzte und personale Ich, steht der Titel »Christus« für den »auferweckten« Jesus, dessen »Ich« gestorben ist, das heißt, der die Identifikation mit dem personalen Ich-Bewusstsein losgelassen hat. Dieser Wandlungsprozess wird im Gegensatz zum biologischen Tod auch »mystischer Tod« genannt. Für diesen steht der Tod Jesu am Kreuz, den die ersten Theologen – wie Paulus – nicht biologisch-konkret, sondern symbolisch interpretiert haben.

Die beiden Bewusstseinsformen zu praktizieren ist wie auf zwei Beinen stehen: Mal liegt der Schwerpunkt auf dem personalen Denken, mal auf dem transpersonalen Sein. Diese Unterscheidung scheint mir für den heutigen religiösen Kontext besonders wichtig zu sein. Wenn die Rede von Gott nur im personalen, dualen Modus erfolgt, dann erscheint Gott als handelnde Person, die dieses und jenes bewirkt, das Ungewisse zulässt und überhaupt nach menschlicher Art denkt und handelt. Das ist für viele Zeitgenossen nicht mehr nachvollziehbar und bringt sie auf Abstand zur Religion.

Der neuzeitliche Atheismus ist sicher eine Form der Ablehnung gegenüber dieser dualen, personalen Rede von Gott, denn einen solchen Gott, der wie eine Person »ist«, kann es nicht geben. Die adäquate Antwort auf diese Verneinung Gottes, die im Grunde eine Verneinung der personalen, dualen Rede ist, wäre die Aktivierung des zweiten Standbeins, des transpersonalen Bewusstseins, welches von Gott in anderen Kategorien spricht. Dann wäre Gott der tragende Grund allen Lebens, dann handelt er weniger, als dass er vielmehr trägt und *da* ist, so wie der jüdische Gottesname JHWH, der seine Wirklichkeit als Präsenz versteht. Das *Da-* und *Präsentsein* ist dann wichtiger als das Handeln, so wie in menschlichen Beziehungen die haltende Gegenwart eines anderen Menschen oft wichtiger ist als das, was er sagt oder tut.

5 Das Ungewisse und der Tod

Die größte Gewissheit im Leben eines Menschen ist der Tod und doch erzeugt sie gleichzeitig die größte Ungewissheit, der wir in der Coronakrise mehr als sonst ausgesetzt waren. Da Tod und Sterben das Zentrum aller Ungewissheit bilden, ist die Beschäftigung damit die geeignete Weise, um das eigene Leben nicht von tiefer liegenden Ängsten vor dem Tod bestimmen zu lassen. Deshalb werde ich diesem Thema einen größeren Raum einräumen. Den Kern dieses Kapitels habe ich bereits vor der Coronapandemie verfasst und war überrascht, wie sehr diese Gedanken gerade während der Pandemie die Ungewissheitsängste zum Ausdruck bringen.

Der Tod und das Leben

Wir Menschen sind die einzigen Lebewesen, für die ihre eigene Existenz ein Problem ist und die sich deshalb einer fundamentalen Ungewissheit ausgesetzt sehen. Für die meisten Menschen ist nicht der Tod als solcher ein Problem, sondern der Tod des eigenen Ichs. Nicht mehr zu existieren ist vom Standpunkt der eigenen Existenz aus schwer vorstellbar. Deshalb wirft der Tod des Ichs Fragen auf.

Und aus diesem Grund ist auch die Angst vor dem Tod eine Erfahrung, die den meisten Menschen vertraut ist. Dieses erschreckende Gefühl, der Tod könne jederzeit eintreten, bezieht sich nicht nur auf die vitale Angst bei einer plötzlichen tödlichen Bedrohung wie einem Unfall, einem Naturereignis oder einer lebensbedrohlichen Erkrankung. Diese

Angst teilen wir auch mit den Tieren. Darüber hinaus gibt es eine typisch menschliche Angst. Sie bezieht sich auf die Begrenztheit der menschlichen Existenz. Die Vorstellung, einmal nicht mehr dazu sein, kränkt nicht nur das menschliche Bedürfnis nach Unendlichkeit, sondern löst auch Angst aus, zum Beispiel in ein Nichts zu fallen, verloren zu sein, ohne Beziehung und Halt im Bodenlosen zu versinken. Diese Angst vor der Ungewissheit des Todes haben nur wir Menschen, weil sie das Bewusstsein von Zeit und damit ein Ich-Bewusstsein voraussetzt. Die Gewissheit des Todes, die Angst vor ihm und die Bewältigungsversuche dieser Angst haben also etwas mit dem Bewusstsein zu tun, das heißt, sie hängen davon ab, welches Bewusstsein wir von unserer eigenen Sterblichkeit und dem Phänomen Tod haben.

Dabei ist auch hier wichtig, den Tod wahrzunehmen, statt ihn zu verleugnen. Ihn als Begrenzung unseres Lebens anzuerkennen, macht ihn zu einem hilfreichen Ratgeber. Er lehrt uns, die begrenzte Zeit, die uns je nach Alter noch bleibt, als das Kostbarste zu sehen, was wir haben: den Augenblick! Das Jetzt bekommt paradoxerweise erst seinen Wert durch die zeitliche Begrenztheit des Lebens. Das Bewusstsein des gewissen Todes vermag, die Entwicklung unserer Lebendigkeit zu fördern und den Lebensgenuss zu steigern. Dies sehen und akzeptieren zu lernen, ist deshalb so schwierig, weil unseren narzisstischen Bedürfnissen nach Unbegrenztheit, Allmacht und Zeitlosigkeit dadurch eine kränkende Grenze gesetzt wird.

Bei den Überlegungen zum ozeanischen Gefühl haben wir schon gesehen, dass die Zeitlosigkeit als Erbe unserer vorgeburtlichen Existenz die Gefahr birgt, in einer lähmenden Sehnsucht nach dieser frühen paradiesische Zeit zu verharren. Reifung und Erwachsenwerden bedeuten vielmehr, diese Fantasien aufzugeben und die Zeit als reale Begrenzung unseres Lebens zu akzeptieren. Diese Akzeptanz im Sinne des Aufgebens unserer zeitlosen Unsterblichkeitsfantasien ist die Voraussetzung, in jenen Bereich vorzudringen, der die physikalische Zeit grundiert: das zeitlose Sein! Das Gelingen dieser Aufgabe zeigt sich am deutlichsten in der Bereitschaft, den eigenen Tod und den von geliebten Anderen zu akzeptieren, also den »facts of life« zuzustimmen. Der Lohn für diese innere Arbeit, die Begrenzung und den Verlust zu akzeptieren, ist der Gewinn an Freiheit, weil die Angst vor dem Tod nicht mehr lähmend ist oder alle Energie frisst, die sonst kreativen Lebensaufgaben zur Verfügung gestanden hätte. Es bedeutet also mehr Lebensdichte im Jetzt und das wachsende Gefühl, mit dem Leben im Augenblick verbunden zu sein und eine intensivere Sinnlichkeit zu erleben für das, was gerade jetzt geschieht. Das sind einige der Früchte, die das Loslassen von Allmachts- und Ewigkeitsfantasien ermöglichen.

Auf dieses Leben und damit auch auf den Tod können wir nicht von einem objektiven Standpunkt außerhalb unserer Existenz schauen, sondern immer nur von einem Punkt innerhalb unserer Existenz. Deshalb gibt es unterschiedliche Perspektiven, von denen keine die absolute Wahrheit für sich beanspruchen kann und die sich deshalb nicht ausschließen, sondern ergänzen. Einige dieser sehr subjektiven Reflexionen über den Tod und das Sterben möchte ich im Folgenden als Perspektive anbieten.

Perspektiven auf den Tod

Die traditionell-christliche Deutung des Todes bildet für viele Menschen den geistigen Hintergrund ihrer Beschäftigung mit diesem Thema, so auch für mich. Aus christlicher Sicht ist der Tod nicht das eigentliche Ende des individuellen Lebens, sondern darauf folgt eine leibhaftige Auferstehung des Toten. Diese alte religiöse Überzeugung gibt zwar sicher einen gewissen Trost, erzeugt aber andererseits bei einem Menschen der Moderne auch Unbehagen. Wie bringt man als aufgeklärter Mensch die Vorstellung eines körperlichen Weiterlebens mit dem rationalen Denken zusammen?

Es schien mir immer etwas naiv, so etwas Gewisses wie den körperlich endgültigen Tod auch nur im Ansatz leugnen zu wollen, ja dieser Versuch von religiöser Tröstung kam mir oft wie Betrug vor. Auch die theologischen Richtigstellungen, dass im Fokus der christlichen Lehre von der leiblichen Auferstehung nicht ein ewiges körperliches Leben stehe, sondern vielmehr das Vertrauen auf Gottes Handeln an der ganzen Person – mit Leib und Seele –und dass Gott den Menschen auch im Tode errette, konnten meine kognitiven Dissonanzen nicht ausräumen.

Mir kam letztere Position genauso fragwürdig vor, da hier von Gott ebenso personal wie von einem handelnden Menschen geredet wird. Mit der alternativen, eher materialistischen Sichtweise, dass mit dem biologischen Tod alles zu Ende sei, konnte ich mich auch nicht so recht anfreunden, wenngleich ich einige Vertreter dieser Position, wie zum Beispiel Sigmund Freud, dafür bewunderte, mit welchem Gleichmut sie den Tod ertrugen, ohne sich von jenseitigen Verheißungen trösten zu lassen. Mein Unbehagen an dieser Position bezog sich auf die ledigliche Wiederholung des alten Dogmas von der Gebundenheit des Bewusstseins an biologisch-materielle Grundlagen, eine Position, gegen die es von philosophischer und naturwissenschaftlicher Seite schwerwiegende Einwände gibt.

Gab es einen Ausweg aus diesem Dilemma: entweder an etwas zu glauben, dass einen vielleicht tröstet, aber kognitiv dissonant ist, oder eine Position zu vertreten, die zwar zunächst plausibel erscheint, aber die gefühlsmäßige Einstellung unberührt lässt? Einen dritten Weg weist folgender Dialog zwischen dem Zen-Meister Hisamatsu und seinem Schüler:

> »**Schüler:** ›Wenn ich irgendeinen Weg verfolge, irgendeine Methode anwende, dann komme ich nirgends hin.‹
>
> **Meister:** ›Richtig.‹
>
> **Schüler:** ›Doch wenn ich keinen Weg verfolge und nichts tue, dann komme ich auch nirgends hin.‹
>
> **Meister:** ›Auch richtig.‹
>
> **Schüler:** ›Dann bin ich also in einem Dilemma.‹
>
> **Meister:** ›Mach dieses Dilemma zu Deinem Weg.‹«
>
> (zit. n. Weischede & Zwiebel, 2009, S. 245).

Es gibt also keinen richtigen Weg und trotzdem muss man ihn gehen. Durch die Auseinandersetzung mit der traditionell-christlichen und der materialistischen Position hat sich mir eine andere Sicht auf den Tod erschlossen, die ich hier ins Gespräch bringen will, ohne sie einfach als einen weiteren Standpunkt anzuführen. Sie ist eigentlich gar kein Standpunkt, sondern eher ein Versuch, geläufige und gängige Alltagsvorstellungen zu hinterfragen. Dabei wird der im vorherigen Kapitel vorgestellte Weg eines transpersonalen Bewusstseins, das die Welt der Dualität übersteigt, hinsichtlich der Frage nach dem Tod betrachtet.

In Gesprächen über »Leben und Tod« geht es oft um die Frage, was man noch mit der verbleibenden Zeit seines Lebens anfangen möchte: Der eine hat vielleicht gerade eine Ehe beendet und ist nun in einer neuen Beziehung, die andere sucht nach einer beruflichen Veränderung, während ein anderer wiederum nach einer neuen Lebenseinstellung sucht oder sich wieder mehr Kontakt zu der Familie und den Kindern wünscht. Manchmal entsteht dabei ein gewisser Druck, ja keine Chance ungenutzt zu lassen. Das Leben erscheint dann als »letzte Gelegenheit« (Gronemeyer, 1996). Was ist noch möglich, was ist noch rauszuholen, was will noch gelebt werden?! Angesichts der knappen Lebenszeit entsteht dann schnell das Gefühl, nicht richtig gelebt und etwas verpasst zu haben. Auf der Suche nach bisher ungenutzten Möglichkeiten schwebt der Tod – oder besser das Bewusstsein der eigenen Sterblichkeit – im Hintergrund, auch wenn nicht direkt darüber gesprochen wird, schließlich ist der Tod immer noch ein ziemlich großes Tabuthema. Seitdem die religiöse Gewissheit, nach dem Tod weiterzuleben, für die meisten Menschen weitgehend verschwunden ist, wird diese Frage, richtig zu leben angesichts des Lebensendes, besonders drängend.

Soviel wird deutlich: Sich mit dem Tod – aus welcher Perspektive auch immer – zu beschäftigen ist eine Frage, die das Leben stellt, und zwar um des Lebens selbst willen.

Der Tod im Dienst des Lebens

Für den Psychoanalytiker stellt sich diese Lebenssorge in verschiedenen Dimensionen dar. Zunächst geht es darum, die Erfahrung der Begrenztheit des Lebens zu ermöglichen. Voraussetzung dafür ist die Fähigkeit, überhaupt Grenzen erleben zu können. Bei vielen Patienten, mit denen ich spreche, ist die Grenze zwischen sich und anderen verloren gegangen oder sie haben sie nie aufbauen können, weil sie in ihrer Kindheit wenig resonante, einfühlsame und grenzsetzende Bezugspersonen hatten. Deshalb geraten sie immer wieder in Konflikt mit anderen, in verstrickte Beziehungen, in schwierige Situationen durch Projektionen und schließlich an den Punkt einer Trennung. Die Arbeit am Auffinden innerer Grenzen ist die Voraussetzung für ein funktionsfähiges Ich. Grenzen und Differenzen ermöglichen uns, uns von anderen zu unterscheiden, aber auch uns selbst als Individuum zu erleben.

Die Grenze, um die es beim Thema Tod geht, ist die zwischen Lebendig- und Sterblichsein. Indem ich sterblich bin, unterscheide ich mich vom Unsterblich-Göttlichen. Dadurch werde ich zum Menschen, der sein Leben lieben kann, weil es begrenzt ist. Insofern gehe ich davon aus, dass nur der erfüllt leben kann, der das Wissen um seine eigene Begrenztheit nicht verdrängt, sondern akzeptiert. Dennoch scheint es ein unstillbares Bedürfnis zu sein, der Sterblichkeit etwas entgegenzusetzen. Hier einige Beispiele:

Als am 2. Mai 2011 Osama bin Laden von einem Spezialkommando getötet würde, bejubelten viel Amerikaner seinen Tod: Der Gerechtigkeit sei Genüge getan! Gleichzeitig behaupten seine Anhänger, er sei nicht tot, die Amerikaner hätten ihn gar nicht töten können, da er in den Taten seiner Anhänger weiterlebe. Einen Tag früher wurde in Rom Papst Johannes Paul II. selig gesprochen – ein Ritual, das ewiges Leben verheißt. Ca. 2.000 Jahre zuvor behaupteten die Anhänger eines spirituellen Wanderpredigers aus Galiläa, der wegen politischer Intrigen hingerichtet worden war, er lebe und sei ihnen begegnet. Wiederum 1.000 Jahre davor wurden in Ägypten die Toten mumifiziert, um ihre Körper vor der Verwesung zu retten, damit sie in einer anderen Welt körperlich weiterleben können.

Oft wird die Vorstellung der eigenen Begrenztheit deshalb verleugnet, weil der eigene Tod oder der nahestehender Menschen frühe traumatische Erfahrungen reaktiviert. Solche Traumata bestehen oft in einer überwältigenden Verlust- und Trennungserfahrung, die ein Kind nur überleben konnte, weil es sie verdrängt hat. Man muss sich also um die Verlustangst und das Fehlen des sicheren inneren Raumes kümmern, damit die Erfahrung des Todes, sei es der eigene oder der anderer Menschen, zugelassen und ins eigene Selbst integriert werden kann. Damit sich der innere Raum weiten kann und nicht nur von der traumatischen Verlassenheitsangst dominiert wird, die das Leben so eng und eingeschränkt erscheinen lässt, bedarf es der Aktivierung jener seelischen Grundkraft, die Sigmund Freud dem Todestrieb entgegensetzt: des Lebenstriebs! Mit dieser seelischen Energie können voller Liebe und Lust neue Menschen und Aufgaben gefunden werden. Dadurch werden dem Sog des Verharrens im Verlust und im Rückzug neue Bindungen entgegengesetzt.

Aber auch spirituelle Vorstellungen, dass der Tod nicht nur das Ende des individuellen Lebens bedeutet, können die Verlustangst beruhigen und die Vermeidung der Begrenztheitserfahrung durch den Tod überwinden. Diese spirituellen Annäherungen spiegeln sich in den verschiedenen Etappen der Bewusstseinsevolution vom archaischen bis zum integralen Bewusstsein wider, wie ich sie auf den Seiten zuvor schon dargestellt habe. Entscheidend ist, aus welcher Perspektive wir auf den Tod schauen.

In der frühen, magischen und mythischen Bewusstseinsphase konnten die Menschen noch nicht realisieren, dass ihr Ich einmal nicht mehr sein wird. Also projizierten sie ihren Unsterblichkeitswunsch in die Vorstellung von einem unsterblichen Teil des Menschen: der Seele oder dem Leib. In der späteren aufgeklärten und rationalen Phase der Bewusstseinsentwicklung, in der die materialistische Vorstellung aufblühte, stellte sich der Tod deshalb als so endgültig dar, weil mit dem Zusammenbruch der neuronalen Funktionen (Hirntod) das ganze Leben zu Ende zu sein schien. Wenn man heute dieses materialistische Dogma infrage stellt, weil es auch innerhalb der Naturwissenschaften dafür gute Gründe gibt, dann ist das nicht einfach ein Rückfall in die magische und mythische Phase der Menschheit, sondern ein weiterer Entwicklungsschritt nach vorne, der scheinbar sichere Plausibilitäten, was es mit dem Tod auf sich hat, hinter sich lässt.

Die moderne westliche Einstellung zum Tod

Im westlichen Getrenntheitsdenken werden alle Phänomene bezüglich der eigenen Existenz wie der Tod so behandelt, als wären sie vom Subjekt getrennte Vorkommnisse. Aus dieser Subjekt-Objekt-Spaltung entsteht alle Ungewissheit. Wird aus transpersonaler Perspektive diese Getrenntheit als mentales Konstrukt durchschaut, verwandelt sich die Ungewissheit. Denn nur aus der Position des Getrenntheitsdenkens erscheint der Tod als ein angsterzeugendes Übel. Deshalb sehen die vom Getrenntheitsdenken geprägten Menschen der Moderne den Tod aufgrund seiner lebensbegrenzenden Funktion als etwas, das es zu meiden gilt und das Angst macht. Er wird weniger als Teil des Lebensprozesses wahrgenommen, sondern vielmehr als dessen Ende. Bestenfalls bei langem Leiden wird der Tod als

Erlösung gesehen. Diese eher phobische Einstellung zum Tod lässt sich mit drei Entwicklungen westlichen Denkens in Zusammenhang bringen:

1. Im christlichen Glauben sollte die Vorstellung vom einem Leben nach dem Tod, also die Annahme eines ewigen Lebens, die Angst vor dem Tod beruhigen. Diese heilsame Absicht schlug ins Gegenteil um, als vor allem im Mittelalter Vorstellungen vom Jüngsten Gericht, dem Fegefeuer und der Hölle etabliert wurden. Diese Jenseitsvorstellungen konnte der mittelalterliche Mensch nicht als etwas Symbolisches verstehen, indem er zum Beispiel die Hölle als Ausdruck der Angst, im Leben etwas zu verpassen und zu scheitern, begriff. Weil Hölle und Jüngstes Gericht allzu konkret verstanden wurden, erzeugten diese Bilder eine »Höllenangst«, und zwar vor Bestrafung, die vor allem vonseiten der äußeren Instanz des Jüngsten Gerichtes ausging. Diese Angst vor dem Gericht ließ sich noch nicht als nach außen projizierte innere Angst vor dem eigenen Überich verstehen. Demzufolge wurde der Tod als etwas Schreckliches erlebt, weil im Anschluss das Gericht und eine mögliche ewige Verdammnis in Reichweite gerückt waren. Deshalb galt es, den Tod zu meiden und ihn als Gegenspieler zum Leben zu entwerfen.

2. Mit Beginn der frühen Neuzeit ändert sich das: Im Zuge der Emanzipationsbewegungen von Renaissance, Reformation und Aufklärung tritt auch die Angst vor Bestrafung durch eine außerirdische, göttliche Instanz in den Hintergrund. Infolge dieser Emanzipationsprozesse entsteht im modernen Individuum – verglichen mit dem Mittelalter – ein stärkeres Ich, welches sich freimacht von Abhängigkeiten und sich als autonom erlebt. Parallel dazu bläht sich das Ich immer mehr auf und empfindet es zunehmend als narzisstische Kränkung, sterblich und begrenzt zu sein. Jetzt wird der Tod nicht mehr aus Gründen der Angst vor Bestrafung und ewiger Höllenqual gemieden, sondern aufgrund seiner die eigenen Allmachts- und Unsterblichkeitsfantasien begrenzenden Realität.

3. Je mehr sich das Ich im Zuge der Aufklärungs- und Emanzipationsbewegungen der Moderne von übergeordneten metaphysischen Zusammenhängen löst, desto verunsicherter wird es. Es klammert sich nun mehr an begrenzte Objekte. Beziehungen zu anderen Menschen werden als Ersatz gesucht für die sich auflösende Anbindung

an ein jenseitiges Universum. Diese Säkularisierung bewirkt, dass jetzt nicht der eigene, sondern der Tod des Anderen als angsteinflößend erlebt wird. Denn der Tod geliebter Menschen erzeugt anderes als im Mittelalter größere Verlustangst, weil er nicht integriert ist in eine haltende metaphysische Welt. Wenn die Beziehung zu anderen Menschen das Letzte ist, was Halt gibt, dann wird deren Tod als Katastrophe erlebt, weil der einzige sichere Ort wegbricht.

Ein weiteres Kennzeichen der westlich-modernen Einstellung zum Tod liegt im abendländischen Verständnis von Wirklichkeit, das sich in der rationalen Phase der Bewusstseinsentwicklung herausgebildet hat und sich in den Strukturen des dualen Getrenntheitsdenkens mit seiner Subjekt-Objekt-Spaltung manifestiert. Ich möchte hier wieder drei Aspekte nennen, die sich daraus für die Einstellung zum Tod ergeben:

1.   Im dualen Denken werden zwei Wirklichkeitspole in einen Gegensatz gebracht: Diesseits und Jenseits, Leben und Tod, Mensch und Gott, Körper und Geist, Gut und Böse. Diese Begriffspaare zerlegen die Wirklichkeit in zwei getrennte Welten. Bei dieser Art handelt es sich also um einen antagonistischen Dualismus, bei dem sich die beiden Begriffspole in einem sich ausschließenden Gegensatz befinden. Davon zu unterscheiden ist ein polarer oder bezogener Dualismus, nach dem beide Pole wie die Brennpunkte einer Ellipse eine Einheit bilden und miteinander verbunden sind. Für unser Beispiel von »Leben und Tod« bedeutet dies, die beiden Begriffe bilden nur eine andere Perspektive auf die eine, beide verbindende Wirklichkeit. Leben und Tod wären zwei unterschiedliche Aspekte eines einzigen Lebensprozesses. Sie bilden dann keinen sich ausschließenden Gegensatz, sondern eine bezogene Polarität.

2.   Dieser Aspekt hängt mit der Struktur unserer Sprache zusammen. Unsere Sprache bildet oft dort Substantive, wo eigentlich ein Verb passender gewesen wäre. Verben sind eher prozesshaft und auf den Vollzug ausgerichtet, während Substantive schnell die Illusion erzeugen, als wäre mit ihnen eine unabhängige Substanz verbunden. Wenn man »Tod« sagt, suggeriert das sprachliche Denken seine Existenz als objektive Realität, so als wäre er ein Objekt außerhalb unserer eigenen Person.

3. Durch diese Substantivierung existenzieller Vorgänge entsteht eine Eigenart westlichen Denkens: Wir nehmen die Welt und die Geschehnisse in ihr als getrennt von unserer eigenen Person wahr. Diese Form des rationalen Bewusstseins fand ihren Höhepunkt in der strikten Differenzierung von René Descartes, als er zwischen »res extensa« und »res cogitans« unterschied: Die äußere Welt (res extensa) ist grundsätzlich verschieden von der Welt des wahrnehmenden und erkennenden Ichs (res cogitans). Diese Differenzierung des rationalen Bewusstseins hat natürlich immense Vorteile im Hinblick auf Weltgestaltung und -beherrschung. Wenn jedoch der andere, nonduale Modus der Welterfahrung verloren geht, führt das zu Einseitigkeiten und zur Spaltung der Ganzheit. Vor allem der Tod wird dann als etwas angesehen, was unabhängig vom eigenen Ich existiert. Räumt man jedoch dem Verbundenheitsdenken, das nicht von einer Subjekt-Objekt-Trennung ausgeht, einen Platz ein, dann erscheint der Tod nicht mehr nur als das Ungewisse, Fremde, Bedrohliche und zu Meidende, sondern als etwas zum eigenen Selbst Gehörendes. Sterben ist dann nicht das Gegenteil von leben, sondern radikaler Vollzug des Lebens.

Antworten auf das Rätsel Tod

Lassen Sie uns auf diesem bewusstseinstheoretischen Hintergrund der westlichen Moderne einzelne Antwortversuche auf das Rätsel des Todes skizzieren.

Die unsterbliche Seele

Der Tod – ein Faktum? Da das westlich-abendländische Denken weitgehend vom Getrenntheitsdenken geprägt ist, wird der Tod als Gegenüber wahrgenommen. Die christliche Vorstellung von der Überwindung des Todes durch ein ewiges Leben versuchte, den objektiven Tod dadurch zu überwinden, dass sie ihn ein größeres Kontinuum einband, das über die rein materielle Existenz hinausgeht. Die Vorstellung von Ewigkeit drohte immer wieder der gleichen Objektivierung zu verfallen, indem sie als eine Art Verlängerung der Zeit verstanden wurde. Die physikalisch ablaufende Zeit ist aber das Feld, in dem die Dinge getrennt wahrgenommen werden. Diese so erzeugte zeitliche Vorstellung begünstigte die Annahme, dass auch der Körper nach dem Tod ewig weiterlebe. Demgegenüber betonten die Mystiker, dass die Ewigkeit nicht in der Zeit, sondern im Jenseits der Zeit liege: im Jetzt. In diesem Jetzt fallen Geburt und Tod zusammen und sind nur auf der materiellen Ebene verschiedene Gegebenheiten. Im transpersonalen nondualen Bewusstsein ist Geburt gleich Tod und Tod gleich Geburt.

Als Beispiel für die duale Position möchte ich ein berühmtes Zitat des antiken Philosophen Epikur anführen:

»So ist also der Tod das schauervollste Übel, für uns ein Nichts; wenn wir da sind, ist der Tod nicht da, aber wenn der Tod da ist, sind wir nicht mehr. Er geht also weder die Lebenden noch die Gestorbenen an; für die einen ist er ja nicht vorhanden, die anderen aber sind für ihn nicht mehr vorhanden« (Epikur, *Philosophie der Freude*, zit. n. Baumann, 1995, S. 85f.).

Wie wir Menschen den Tod sehen, hängt davon ab, wie wir uns selbst und die Welt wahrnehmen. Bei Epikur begegnet uns eine Weltsicht, die den Tod als etwas Faktisches versteht, wie ein Objekt, das vorhanden sein kann oder auch nicht. Aber genau genommen kann der Tod kein Objekt sein. Warum nicht?

Wenn wir vom Tod sprechen, meinen wir eigentlich einen Prozess, die Wandlung von einem organischen in einen anorganischen Zustand. Vom Tod zu sprechen kann sich also niemals auf das eigene Sterben beziehen, denn sind wir erst einmal gestorben, gibt es kein Ich mehr, das vom Tod sprechen kann, wie Epikur treffend feststellt. Deshalb kann sich unsere sprachliche Thematisierung des Todes nur auf das Sterben anderer Menschen beziehen. Ihren Zustand der Unbelebtheit bezeichnen wir dann als Tod. Wenn wir dann noch, wie Epikur, den Tod mit dem Nichts gleichsetzen, dann wird sichtbar, dass wir für Zustände jenseits der materiellen Existenz kaum Vorstellungen entwickelt haben. Die Rede von der unsterblichen Seele ist dann ein Versuch, diese andere Dimension festzuhalten. Jedoch unterstellt das Substantiv Seele auch schon wieder das

Bild von etwas substanziell Gegebenem, etwas Objektivem. Entsprechend lässt sich darüber spekulieren, was mit der unsterblichen Seele nach unserem Ableben geschieht. Aber eine unsterbliche Seele kann es nicht geben, da »geben« eine raum-zeitliche Vorstellung vorschreibt. Die Rede von der unsterblichen Seele meint aber gerade eine Seinsweise außerhalb von Raum und Zeit.

Unter den religiösen Antworten der monotheistischen Religionen wie Judentum, Christentum, Islam lassen sich zwei Bewältigungsformen ausmachen:

1. Die Leugnung der Tatsache, dass der Tod die körperliche Existenz endgültig beende, und die Behauptung, der Körper bestehe nach dem Tod fort: Bereits im ägyptischen Kult der Mumifizierung fand sich dieser Glaube an ein leibliches Weiterleben, der sich im Christentum mit seiner Lehre von der Auferstehung des Fleisches, die in der leiblichen Auferstehung Christi vorgeprägt ist, zu einer zentralen Glaubenssäule entwickelte.

2. Abmilderung der Endgültigkeit des Todes durch die Unterscheidung zwischen einem sterblichen Leib und einer unsterblichen Seele.

Die zweite Lösung zur Bewältigung stellt für ein aufgeklärtes – auch religiöses – Bewusstsein keine so große Zumutung dar wie der Glaube an ein Fortbestehen des Leibes. Der Körper zerfällt für immer, aber ein immaterieller Teil lebt jenseits der Zeit, in der zeitlosen Ewigkeit weiter. Diese dualistische Lösung kennzeichnet sowohl christliche, jüdische als auch islamische Traditionen sowie Konzepte östlicher, altindischer und buddhistischer Prägung.

Vor allem aber wurde die christliche Auffassung von der unsterblichen Seele vom platonischen Denken beeinflusst. Eine Linie des Christentums hat die duale Anthropologie von Platon übernommen. Demnach gehört die Seele ins Reich der Ideen, ihr kommt deshalb die letzte Realität zu, im Gegensatz zum Körper, der der vergänglichen materiellen Welt angehört.

Die Vorstellung von einer unsterblichen Seele reicht zurück in die magische und mythische Phase, sie ist verbunden mit dem Erwachen des Individuums in der sogenannten neolithischen Revolution. Diese Idee findet ihren Höhepunkt im Einheitsdenken der sogenannten Achsenzeit, als dessen große Hervorbringungen der Monotheismus in Ägypten unter

Amenophis IV. (genannt Echnaton) (18. Dynastie, 1352–1338 v. Chr.) gilt sowie die lange Zeit vom Königtum bis zu den Propheten in Altisrael und die Ideenlehre des Platon in Griechenland.

Da das Christentum sehr mit der platonischen Philosophie verbunden ist, empfiehlt sich ein Blick auf Platons Menschenbild. Es ist geprägt von einem Dualismus zwischen dem vergänglichen Leib und der unsterblichen Seele. Nach Platon ist das Ziel des Menschen, die Seele aus dem Grab des Leibes zu befreien. Weil sich griechische Philosophie und christliche Theologie zu einer Einheit verbunden haben, möchte ich die Gedanken von Platon und Aristoteles wenigstens kurz skizzieren.

Die Dialoge *Nomoi* und *Symposion* sind die grundlegenden Texte. Für Platon steht »psyche« nicht nur für die Seele, sondern auch für die »physis« einschließende und bewegende Kraft. Psyche ist der Ursprung, die Einheit, die alle physis erst ans Licht bringt und sichtbar macht. Sie gehört ins Reich der Ideen und somit kommt ihr die letzte Wirklichkeit zu. »Thymos« ist das, was wir Seele oder Psyche nennen. Die passende Übersetzung für »psyche« ist Weltseele. Was die europäische und christliche Tradition als Seele bezeichnete und damit etwas Individuelles meinte, ist die ins Innere des Menschen zurückprojizierte platonische physis. So konnten die Götter des Olymps ins Innere des Menschen zurücktransportiert werden und als nach außen gewendete Bedürfnisse und Wünsche erlebt werden. Die platonische »psyche« ist also nicht zu verwechseln mit der modernen Vorstellung der Psyche im Verständnis der Psychologie. Sie ist auch kein Ding oder Objekt, sondern eine Bewegung, ein qualitatives Sichbilden und Selbstorgansieren. Erst später wurde sie verdinglicht, zu einer Substanz. Das Attribut »unsterblich« wurde mit einem Zustand verwechselt, der zu dem Irrglauben führte, die letzlich mit dem eigenen Ich verwechselte Vorstellung von Seele sei unsterblich.

Aristoteles, der Schüler Platons, sucht den Dualismus von unsterblicher, ewiger Seele und sterblichem Körper dadurch zu vermeiden, dass er die Seele als Form des materiellen Leibes bezeichnet. Diese Vorstellung hat die mittelalterliche Theologie stark geprägt, wenngleich man sich die unsterbliche Seele früher häufig als körperlich und damit sehr ichhaft vorstellte. In bildlichen Darstellungen erscheint sie in Form eines kleinen nackten Menschen, der beim Sterben dem Mund des Menschen entweicht und von Gott aufgenommen und bekleidet wird. Da hatte die

Verdinglichung schon eingesetzt, obgleich sich die Rede von der Form doch eigentlich gegen diese Verdinglichung und Substanzialisierung richtete.

Mit dem Tod ist alles aus: materialistische Antworten

Die existenziell-humanistische Antwort der Moderne auf die Frage nach dem Tod lautet: Der ganze Mensch ist begrenzt und mit seinem Tod endet sein ganzes Leben. Die Vorstellung von einem wie auch immer gearteten Weiterleben wird ins Reiche der Wünsche verwiesen, da ihr keinerlei Realität zukomme, außer der, dass sie Wünschen entspreche.

Diese Sicht kann sich auch im materialistischen Gewand zeigen: Der Glaube an die materielle Welt als letzte Wirklichkeit bestimmt diese Form der Bewältigung des Todes. Sie kann sich aber auch in einem heroischen Erdulden des Todes zeigen oder in der Lehre vom gelassenen und heilsamen Sterben, der »Ars Moriendi«.

Aus dem naturalistischen Monismus leitet sich die Position ab, dass Bewusstsein, Geist und Psyche, also das Mentale, an die Materie, und zwar konkret an das Neuronale gebunden sind und sich von diesem sekundär ableiten. Bewusstsein und damit Seele sind demnach ein abkömmliches Phänomen, dem keine eigene, autonome Existenz zukommt: Die *Welt* erzeugt die *Seele*. Damit ist die Vorstellung eines stets mit sich selbst identischen Ichs oder einer substanziellen Seele längst aufgegeben. Es stellt sich die Frage, ob das Mentale an Neuronales gebunden ist, und wenn ja, wie diese Verbindung zu denken ist.

Der enorme Siegeszug der Neurowissenschaften im »Jahrhundert des Gehirns« lässt auf den ersten Blick vermuten, dass an die Stelle einer »Philosophie des Geistes« eine »Biologie des Geistes« getreten sei. Dabei sind die Positionen innerhalb der Neurowissenschaften durchaus nicht homogen: Ein Teil ist reduktionistisch orientiert und sieht das Mentale als reines Epiphänomen des Neuronalen. Hier wird die Biologie zu einer Metatheorie des Geistigen. In dieser Position des biologischen oder materialistischen Monismus mit seiner Infragestellung eines autonomen Geistes wird das alte Dogma des 19. Jahrhunderts von der Gebundenheit des Geistes an Materie bestätigt.

Eine Folge der Reduzierung des Geistigen auf das Materielle im abendländischen Nachdenken über den Tod ist die Tendenz zur Verdinglichung, die durch die naturwissenschaftlich-materialistische Einstellung zur Wirklichkeit noch eine Verstärkung erfahren hat. Während die christliche Lehre mit ihrer von Platon übernommen Auffassung von der unsterblichen Seele die geistigen, nicht-materiellen Teile menschlichen Daseins zu retten versuchte, hat mit dem Siegeszug der Naturwissenschaften die biologisch-naturalistische Einstellung zum Tod das Empfinden des modernen Menschen geprägt.

Bei Platon und Aristoteles liegt auch die Ursache dafür, dass der Tod gänzlich unter die Domäne der weitgehend materialistischen Naturwissenschaft geraten ist. Der sogenannte Universalienstreit des Mittelalters führte zu einer dualistischen Problemlösung: Die materielle Welt wird von Naturwissenschaften untersucht, die Welt des Geistes von Philosophie und Religion. Mit dem Siegeszug der Naturwissenschaften hat sich diese dualistische Sichtweise in einen monistischen Naturalismus verwandelt: Phänomene des Geistes und des Bewusstseins werden zurückgeführt auf Prozesse, die im Gehirn stattfinden. Die Folgerung heißt: Es gibt keine unsterbliche Seele, sondern nur Interaktionen von Nervenzellen.

Die Kunst des Sterbens: existenzielle Antworten

Unter den philosophischen Zugängen zum Tod sind für unser Thema vor allem die interessant, die sich auf die Bedeutung des Todes für die eigene Lebensführung konzentrieren. Am Beginn der Neuzeit hat es Michel de Montaigne (1533–1592) auf den Punkt gebracht, wenn er das Philosophieren mit dem Sterbenlernen vergleicht. Damit greift er zurück auf eine aus der antiken Philosophie stammenden Aussage Ciceros (106–43 v. Chr.), Ziel der Philosophie sei es, dass Menschen das Sterben lernen (mori discere). Der griechische Philosoph Epikur (341–271 v. Chr.) war der Erste, der für die Kunst des Sterbens auf die Tröstungen eines Glaubens an eine unsterbliche Seele verzichtete und eine Gegenposition zu Platon einnahm, der lehrte, dass die Menschen sich vom Glauben an die Unsterblichkeit der Seele trösten lassen sollten. Epikur lehrt, dass die Todesfurcht durch die Erkenntnis zu überwinden sei, dass es den Tod eigentlich für das Ich nicht gebe: Ist der Tod da, ist das Ich, Träger der Todesfurcht, nicht mehr da; ist das Ich aber da, kann der Tod nicht sein. Das Ich und er Tod schließen sich aus. Eine solche Position hat bis heute viele Anhänger, so zum Beispiel den existenziellen Psychotherapeuten Irvin D. Yalom, der mit *In die Sonne schauen. Wie man die Angst vor dem Tod überwindet* (2010) ein Buch über dieses Thema geschrieben hat und sich an Epikur orientiert. Sein persönlicher und auf therapeutischen Erfahrungen basierender Grundgedanke ist, dass ein Bewusstwerden und Wahrnehmen der Tatsache des sicheren Todes das Leben kostbar und wertvoll mache und dass umgekehrt die Verleugnung der Todesgewissheit viele Lebensprobleme schaffe, weil sich die Verdrängung dieser Angst in allen möglichen Symptomen niederschlägt. Frei wird der Mensch erst, wenn er die Ungewissheit des Todes in sein bewusstes Leben integriert hat und nicht länger auf der Flucht vor dem Tod ist. Das meint auch der eingangs zitierte Philosoph Peter Wust, wenn er die Akzeptanz der Unvermeidbarkeit des Ungewissen als Voraussetzung seiner produktiven Verarbeitung beschreibt. Die Fluchttendenz vor dem Tod kann erst aufgegeben werden, wenn die Ungewissheit des Todes in das Selbstbewusstsein aufgenommen worden ist.

Es war ein menschheitsgeschichtlich weiter Weg bis dahin. Um diesen zu skizzieren, greife ich noch einmal auf die Phasen der Bewusstseinsevolution zurück, und zwar auf die archaische, die magischen, die mythische, die mentale und die integrale. Wie bereits im Kapitel »Evolution des Bewusstseins« dargestellt, nehmen diese Bewusstseinsstufen ihren Anfang in der Noch-nicht-Getrenntheit des Einzelnen von der Natur. In dieser Stufe wird der Tod noch nicht als fremdartig wahrgenommen, sondern als Teil des eigenen Lebens, denn vor dem Bewusstwerden der eigenen Identität existierte der Tod im Bewusstsein noch nicht. Das ändert sich erst mit der magischen Phase, in der Ungewissheit und Fremdheit wahrgenommen werden. Das individuelle Ich hat sich in dieser Phase schon etwas von seiner natürlichen Lebenswelt entfernt. So wird der Tod nicht länger als gegeben oder natürlich erlebt, sondern als Einwirkung magischer Kräften in Gestalt von Dämonen oder Zauberern. Entweder stirbt man durch die aggressiven Handlungen anderer oder durch den Einfluss dämonischer Mächte. Weitgehend in einem natürlichen Lebenskreislauf eingebettet wird auch der Tod nicht als einfaches Ende des Lebens verstanden, vielmehr ist im magischen Denken der Glaube verankert, in einem anderen, aber dem Leben vergleichbaren Zustand würden Verstorbene weiterleben. Die Bestattungsriten belegen ein solches Bewusstsein vom Weiterexistieren des Toten. In diesem Bewusstsein kann auch der Tod nicht von dem einen Leben getrennt werden, in dem alles aufgehoben ist.

Erst in der mythischen Phase beginnt das Einheitsdenken auseinanderzubrechen. Der Einzelne erlebt sich jetzt von der Umwelt getrennt und entwickelt sich nach und nach zu einem Individuum. An die Stelle der magischen Mächte treten nun die nach menschlichem Vorbild gestalteten Götter. Diese sind Projektionen des erwachenden Ichs, auch wenn es sie noch nicht als Produkt seiner eigenen Schöpfung begreift. Auf dem Wege der Externalisierung wird das Ich sich seiner selbst als ein Gegenüber bewusst. Das mythische Bewusstsein spiegelt den Unterschied zwischen Mensch und Umwelt, zwischen Subjekt und Objekt, was künftig zur zentralen Welterfahrungsart wird.

Infolge dieser Abgrenzung tritt auch der Tod als Gegenüber zutage und wird so zum Gegenspieler des Lebens, der die Existenz bedroht und beendet. Der Tod wird als unwiderrufliche Schranke erlebt. Er markiert eine Grenze, die den Lebenden vom Reich der Toten trennt. In der griechischen Mythologie ist es der Fluss Styx, der den Hades, die Unterwelt, vom Reich der Lebenden trennt. Im Hades führen ebenso wie in der jüdischen Shoa die Toten ein Schattendasein, da jede Beziehung zur Gegenwart und Zukunft in ihnen erloschen ist. Aus diesem Grund wird ihr Schicksal beklagt. Es wird deutlich, dass den Toten noch ein gewisser Seinszustand zukommt. Im frühen griechischen Denken besitzt der Mensch thymos, den sterblichen Geist, und psyche, die unsterbliche Seele. Letztere lebt im Hades weiter, während der an den Körper gebundene thymos zerfällt. Durch diese Dualität kommt es im mythischen Denken noch nicht zu einer strikten Trennung zwischen Leben und Tod. Die Toten führen zwar ein Schattendasein, sind aber dennoch in gewisser Weise mit dem Leben durch ihre Existenzform verbunden: Die Toten sind immer noch da.

Im Übergang zur rationalen Phase der Bewusstseinsentwicklung löst sich dann das sich seiner selbst bewusst werdende Ich zunehmend von seiner natürlichen Lebensumwelt ab. Je mehr das Ich nun erstarkt, desto deutlicher wird auch der Tod als Gegenüber erlebt. Das Denken wird zum Garanten der Eigenständigkeit und Unabhängigkeit des Einzelnen.

Im Denken erfährt der Mensch Gewissheit, und dieses Wissen um die eigene Existenz ist dem Menschen angeboren, existierte also bereits vor seiner Zeugung. Diese Präexistenz der Seele führt zur Annahme, es gebe im Menschen einen unsterblichen Anteil, der sein eigentliches Wesen ausmacht. Deshalb bestand der Sinn des Lebens für Platon auch darin, sich vom Körper und seinen Begierden zu lösen. Der »Tod des Philosophen« (Baumann, 1995, S. 48) – womit der Tod des Sokrates gemeint ist – wird so zum Modell des Philosophierens: Recht leben und Weisheit erlangen stellt die Vorbereitung auf den Tod dar. Im Annehmen des Todes findet der Mensch zur Unsterblichkeit.

Dieser im platonischen Denkens verankerte Dualismus von sterblichem Körper und unsterblicher Seele wird später, wie wir zuvor schon gesehen haben, auch das Christentum prägen. Man wird diesem dualen Denken nicht gerecht, wenn man es wie so oft nur als Aufspaltung des einen ganzen Menschen sieht. Vielmehr sollte es als Versuch gewürdigt werden, den Menschen sterblich und unsterblich zu denken und gleichzeitig seine Einheit und Kontinuität zu wahren. Dies ist möglich, wenn der Tod als ein Teil des Lebens begriffen wird und – so gesehen – das Leben auch nach dem biologischen Tod weitergeht. Vermutlich erzeugt diese Vorstellung von einem sterblichen materiellen Leib und einer unsterblichen Seele deshalb so viel Unbehagen, weil in diesem Denken die Seele als eine Art Substanz vorweggenommen wird. Diese Vorstellung, die in der sogenannten »Metaphysik der Objektivität« des Aristoteles (vgl. Vattimo, 1997) wurzelt, hat dazu geführt, die Seele als ein vom Selbst getrenntes Objekt zu sehen. Vor allem durch die Aristoteles-Rezeption im Mittelalter hat sich diese Art Objektivität dann entfaltet und später das theologische und moderne naturwissenschaftliche Denken geprägt. In Platons Philosophie sie schon zwar angelegt, aber sein Denken suchte doch eher, die Einheit des Ganzen zu wahren. Insofern liegen bei ihm jene Spuren des mystischen Einheitsdenkens verborgen, denen in der abendländischen Geistesgeschichte nur eine eher untergeordnete Bedeutung zukam. Im östlichen Denken stellen sie dagegen den Hauptstrom des Denkens und Philosophierens dar. Aus der Position des nondualen Bewusstseins lässt sich eine ganz andere Perspektive auf das gewinnen, was wir den Tod nennen. Zunächst aber möchte ich die abendländische Linie des Getrenntheitsdenkens weiter verfolgen, und zwar unter dem Aspekt des Todesbewusstseins. So viel wird jetzt schon deutlich: Je stärker sich das Denken und die Wahrnehmung der Welt im Modus der Differenz und der Getrenntheit vollziehen, desto klarer tritt auch der Tod als ein Ereignis in Erscheinung, dem ein objektiver Status zukommt.

Wie schon zuvor erwähnt, hängt die Vorstellung, den Tod als ein Gegenüber, etwas von uns selbst Getrenntes und damit also etwas unabhängig Existierendes zu sehen, mit unserer Sprache zusammen. Diese wiederum ist geprägt von Aristoteles und den von ihm bestimmten mittelalterlichen Traditionen der Philosophie und Theologie, die die sogenannte Substanzphilosophie hervorgebracht haben.

Tod und Sterben sind nicht dasselbe

»Tod« ist ein Substantiv. In der abendländischen Tradition haben wir uns daran gewöhnt, Substantive für selbstständig existierende Gebilde zu halten. Es ist üblich, Prozesse und Entwicklungen zu substantivieren. So bezeichnen wir zum Beispiel den Vorgang des Zur-Welt-Kommens mit dem Substantiv »Geburt« und den Wandlungsprozess am Ende des Lebens als »Tod«. Substantivierungen wie diese suggerieren, diesen Vorgängen käme eine unabhängige, substanzhafte Wirklichkeit zu, denn sie erzeugen in uns das Bild einer objektiven, selbstständigen Realität. Das Prozesshafte am Vorgang des Sterbens geht dabei verloren.

Wie man diesen Prozess zeitlich und inhaltlich definiert, ist eine Frage des Standpunktes und der Zweckmäßigkeit. In der Medizin ist es sinnvoll, damit die letzte Phase des Lebens zu beschreiben, wenn der Zeitpunkt des Versagens der Vitalfunktionen unumkehrbar ist. In der medizinischen Sterbeforschung wird vor allem auf das Zusammentreffen von subjektivem Sterbebewusstsein und objektiven Faktoren hingewiesen. Aus philosophischer oder allgemein menschlicher Sicht kann man sagen, dass der Prozess des Sterbens mit der Geburt beginnt und das Leben selbst als ein permanentes Loslassen, Werden und Vergehen begriffen wird.

Dennoch macht es Sinn, vom Tod zu sprechen, aber nur, wenn wir ihn vom Sterbeprozess unterscheiden. Sterben ist eine Entwicklung oder ein Verlauf, in dem die Vitalfunktionen wie Atmung, neuronale Prozesse, Blutkreislauf, Stoffwechsel und Temperaturregulation allmählich nachlassen und schließlich ihre Funktion einstellen. Der Tod als abstrakter Begriff bezeichnet lediglich die Grenze zwischen von seinen Vitalfunktionen lebendig gehaltenen Körper und dem von diesen Funktionen abgetrennten Körper. Diese Grenze ist wiederum keine objektive, dinghafte Wirklichkeit, sondern ein mentales Konstrukt, mit dem wir zwei Körperzustände zu differenzieren versuchen. Aus Untersuchungen Sterbender wissen wir, dass auch diese Vorstellung von Grenze sehr relativ ist. Der Herztod kann eingetreten sein, während andere Funktionen noch bestehen. Auch der Hirntod ist kein so eindeutiges Kriterium zur Feststellung der Grenze von lebendig und tot. Die biologischen und philosophischen Diskussionen der letzten Jahrzehnte hat keine exakte und klare Antwort auf die Frage geliefert, wie denn der Tod des Einzelnen zu definieren sei (vgl. hierzu Wittkowski & Strenge, 2011, S. 218).

Schon von diesem Gedanken her erweist sich die Vorstellung vom Tod als definitives Faktum als eher fragwürdig. Im Bereich der empirischen Realitäten kann der Mensch ohne solche Konstrukte nicht leben, aber er braucht gleichzeitig ein Bewusstsein davon, dass es eben Konstrukte seines Geistes sind – eine Einsicht, mit der Kant das philosophische Denken geprägt hat und die auch dann hilfreich ist, wenn man sozusagen unphilosophisch über den Tod nachdenkt. Ein solches Bewusstsein bewahrt uns davor, den Tod zu verdinglichen und ihn dadurch als äußeren Feind zu sehen.

Der natürliche Tod

Die heutige Vorstellung vom natürlichen Tod ist eine Form, seine Verteufelung und damit die Angst vor ihm zu überwinden. Das Ende des Lebens wird nicht mehr einer göttlichen Macht zugeschrieben, sondern einer natürlichen Bewegung des Lebens. Diese Sichtweise ist schon in der Aufklärung und Romantik eine Reaktion auf die christliche Dämonisierung des Todes, der ja das Jüngste Gericht einleitet, in dem über Erlösung oder ewiger Verdammnis und nicht endender Höllenqualen entschieden wird. Heinz Baumann (1995, S. 80) stellt fest, dass diese kirchlichen Lehren ein solches Maß an Angst freigesetzt haben, dass es Auswege geben musste, um dieser erdrückenden Last zu entkommen. Eine Form der Befreiung von dieser religiösen Angstneurose war, den Tod zu einem natürlichen Phänomen zu erklären.

Die Kehrseite dieser natürlichen Einstellung zum Tod ist wiederum das Fehlen einer Verortung des Todes in einem übergeordneten Kosmos, der dem Tod einen größeren Sinn verleiht. Als bloßer Teil des natürlichen Lebens entfällt seine Sinnhaftigkeit. Um mit den Unwägbarkeiten des Todes und damit der Ungewissheit allgemein umzugehen, werden nicht nur auf Bewältigungsstrategien zurückgegriffen, die den Tod zu etwas ausschließlich Natürlichem erklären, sondern er wird auch mit naturwissenschaftlichen Methoden bekämpft. Das Ungewisse wird zum Gegenstand seiner Beherrschung.

Eine Folge der Naturalisierung des Todes und damit des menschlichen Leibes ist die rein naturwissenschaftliche Sicht auf den Körper und dessen Ende. Die Folge ist eine Entseelung des Körpers, der weniger als Leib, sondern eher als ein Funktionszusammenhang begriffen wird. Das wird vor allem zunehmend in modernen Praktiken der Körperbeherrschung in Wissenschaft und Körperkult sichtbar. Der Körper wird als Erbe Descartes' zwar, wie das Modell der Maschine zeigt, als bewegt, aber seelenlos begriffen. Der funktionierende Körper erfährt somit eine Abtrennung vom Seelengrund. Die Verbindung zwischen Seele, Geist und Materie zerbricht.

Vom Descartes'schen Satz »Ich denke, also bin ich« (»cogito ergo sum«) ist es nicht mehr weit zur für die Aufklärung charakteristischen Idee des autonomen Menschen, zu deren Verwirklichung die Vernunft und die Wissenschaft beitragen sollen. Was im Mittelalter der göttliche Funke in jedem Menschen war, ist nun die subjektive Vernunft, mit der sich die Menschen behaupten und Glücksmöglichkeiten für alle zu entwickeln suchen. Im Spannungsverhältnis zwischen den individuellen Glücksansprüchen und den Einschränkungen durch die Gewissheit des Todes bilden sich die seelisch-affektiven Qualitäten, vor allem das Leiden an der Begrenztheit und die Unfähigkeit, sich von irgendetwas trösten zu lassen. Der verloren gegangene Transzendenzbezug wirft das Individuum auf sich selbst zurück. Am deutlichsten kommt dieses Auf-sich-selbst-zurückgeworfen-Sein in der modernen Psychosomatik zum Ausdruck: Weil der Einzelne über die Zusammenhänge von richtigem und falschem Leben und vom Einfluss des Seelischen auf das Körperliche weiß, hat er sich die Verantwortung für seine Krankheiten und den unvorhergesehenen

Tod auch noch selbst zuzuschreiben. Der natürliche Tod, der ursprünglich zu Beginn der Neuzeit die Angst vor Höllenstrafen ermäßigen sollte, erweist sich jetzt als Quelle neuer Qualen: dem Selbstvorwurf und dem Schuldgefühl, nicht richtig gelebt zu haben!

Baumann (1995) weist noch auf einen weiteren Widerspruch der Naturalisierung des Todes hin: Die Vorstellung des natürlichen Todes führt nur in den seltensten Fällen zu der befriedigenden Erfahrung, dass ein Leben in der vorgegebenen Zeitspanne zur Vollendung gekommen ist. Den natürlichen Tod vor Augen zu haben vermag gerade nicht, die Zeitvorstellung zu suspendieren, die jeden Tod zum Feind macht, weil er immer zu früh kommt. Nicht der Tod wird als Widersacher gesehen, sondern der Körper, der seinen Dienst versagt. Infolgedessen kommt es zu einer Anklammerung an das Körperliche. Was im Mittelalter der Seele angesonnen wurde, nämlich unsterblich zu sein, wird jetzt auf den Körper übertragen: Er wird zur Projektionsfläche der Unsterblichkeitsfantasien.

Der Körperkult als Unsterblichkeitsfantasie

In dem Maße, wie die Vorstellung von der unsterblichen Seele dem Bewusstsein des heutigen westlichen Menschen abhandengekommen ist, verschiebt sich das Interesse auf den trainierten und gestalteten Körper. Der intakte Körper erscheint als Garant für ein intaktes Leben und wird zum Maßstab und Ausdruck psychisch-sozialen Wohlbefindens. Das menschliche Selbst stellt sich weitgehend in seiner verkörperlichten Gestalt dar. Das Ziel menschlicher Selbstverwirklichung besteht jetzt in der Stilisierung des Körpers. Der Kult etwa, den Körper zu rasieren und alle Behaarung zu entfernen, lässt sich als Suche nach dem »reinen« Körper verstehen. Auch die Darstellung des makellosen Körpers in der Werbung ist ein Versuch, ihn zu einem Ideal hochzustilisieren. Vermutlich ist dieser Körper-Fetischismus auch als eine Reaktion auf die lange Entwertung des Körpers im Christentum zu verstehen. Als Gegenbewegung definiert sich der postmoderne Mensch weitgehend über seinen Körper. Die Folge ist, dass der Tod als Vernichtung des Selbst erlebt wird und Angst macht. Diese Angst wird dann ihrerseits durch Unsterblichkeitsfantasien kompensiert, die sich wiederum auf den Körper beziehen.

Die Bemächtigungsstrategien des Körpers als Ausdruck des autonomen Subjekts, das auch über den Tod herrscht, spiegeln sich im Wunsch nach selbstbestimmtem Sterben wider. Sich auf Wunsch ein Mittel verordnen zu lassen, was den Tod herbeiführt und vor einem brutalen Suizid bewahrt, ist für eine immer größere Mehrheit der Menschen eine Option. Nach der Fernsehaufführung von *Gott von Ferdinand von Schirach* in der ARD am 23. November 2020 stimmten anschließend 70,8 Prozent für eine Freigabe des Mittels an den 78-jährigen gesunden Mann, der nach dem Tod seiner Frau nicht mehr leben will. Nur 29,2 Prozent stimmten dagegen. Der Bezug zu einer übergeordneten Größe wie »Gott« besteht für die meisten nicht mehr. An die Stelle der Einschätzung, dass es sich bei dem Freitod um etwas Verwerfliches oder gar um eine Todsünde handle, ist die Meinung getreten, dass es sich beim frei gewählten Tod um eine humane und auch sozial zu verantwortende Option geht. Die im Transzendenten wurzelnde Unverfügbarkeit der Seele ist der Selbstbestimmung über Leben und Sterben gewichen.

Gleichzeitig artikuliert sich in den virtuellen Welten des Netzes aber auch das Bedürfnis nach etwas, was das eigene Selbst transzendiert. Es ist die Sehnsucht, in ewige, nie endende Kommunikationsabläufe verwoben zu sein, die man als eine digital erzeugte Vorstellung von Unsterblichkeit lesen kann. Diese ähnelt in manchen Aspekten der Zeit der Romantik, die geprägt war vom Seelenkult: Als Gegenbewegung zur Aufklärung wurde die Seele zu einer Vorstellung, die das Andere der Vernunft zur Geltung bringt. Jetzt werden Zusammenhänge von Schlaf, Traum, Tod, dem Ungewissen und dem Unbewusstem thematisiert. Der Vernünftige begegnet unausweichlich diesen irritierenden Seiten seiner Existenz, die nicht in die Ordnung der rationalistischen Vernunft passen. Menschliche Existenz – so das Motto der Romantik – ist nicht auf die Rationalität reduzierbar. Der Name für das nicht Reduzierbare ist »schöne Seele«. Sie ist nirgendwo und überall zu Hause. Dennoch wird sie nicht mehr religiös verstanden, sondern als das Ergebnis von kulturellen Techniken, im Fall der »schönen Seele« von Bildungs- und Schreibprozessen, in denen die Selbstreflexion und die Selbstbeobachtung eine große Rolle spielen.

Der Weg in die moderne Psychotherapie ist nicht mehr weit. Was in der Romantik noch zusammen gedacht wird, differenziert sich im 19. Jahrhundert endgültig in Biologie, Psychologie und Psychoanalyse. In der

Biologie bildet sich der Begriff vom Lebendigen heraus, das sich immer wieder selbst hervorbringt und dazu weder Gott noch eine lebensspendende Seele benötigt. Auch in der naturwissenschaftlichen Psychologie hat sie keinen Platz mehr, sie wird zu einer Psychologie ohne Seele.

Tod, Sterben und Transbewusstsein

Nach unserem Streifzug durch die Geschichte und Gegenwart des Todesverständnisses gehe ich jetzt auf eine spirituelle Sicht ein. Dabei greife ich einige Gedanken des vierdimensionalen inneren Raumes aus dem letzten Kapitel auf. Ich möchte hierzu drei Disziplinen erwähnen, die, obwohl sie im westlichen Denksystem entstanden sind, die Grenzen des dualen Subjekt-Objekt-Denkens in gewisser Weise überschreiten. Diese Überschreitung in einen nondualen, transbewussten Bereich habe ich als das zentrale Moment spiritueller Sichtweisen ausgemacht. Die drei Zugangswege entstammen keinen direkten spirituellen Lehren, aber sie enthalten Aspekte, die als Übergang vom Getrenntheitsdenken zum nondualen Verbundenheitsdenken in der integralen Phase der Bewusstseinsentwicklung gelesen werden können. Sie liefern Gründe für ein Überschreiten des Dualen hin zu etwas Nondualem. Zunächst gehe ich auf das philosophische Konzept des radikalen Konstruktivismus als ersten Zugang zum Tod ein, dann auf Sigmund Freuds Lehre vom Todes- und Lebenstrieb und schließlich auf die Quantenphysik.

Der Tod ist nichts Objektives: der radikale Konstruktivismus

Wie wir gesehen haben, sind die traditionellen Auffassungen vom Tod, von der Seele und vom ewigen Leben stark geprägt vom griechischen Substanzdenken, wonach allen drei Vorstellungen eine bestimmte objektive Realität und Autonomie zukommt, was zu einem extrem verdinglichenden Denken führte, gerade in Bezug auf den Tod, der manchmal personifiziert wurde, zum Beispiel als Sensemann. Die Folge war eine ihm gegenüber vermeidend-ängstliche Einstellung. Dieses Denken hat man in der Postmoderne überwunden. An die Stelle der Substanzphilosophie trat die

Einsicht, dass alle unsere Annahmen von der Wirklichkeit zunächst unseren Vorstellungen entspricht, also subjektive Konstrukte sind, von denen wir nicht erwarten, dass sie einer objektiven Wirklichkeit entsprechen.

Der Konstruktivismus bestreitet die Möglichkeit, durch Wahrnehmung ein wahres Bild der objektiven Wirklichkeit zu erhalten, als zu sehen, wie sie »tatsächlich« ist. Die sogenannte Wirklichkeit wird nicht von unseren Sinnen *vor*gefunden, sondern durch sie *er*funden. Der Konstruktivismus entlarvt das, was uns als Welt und objektive Wirklichkeit erscheint, als Projektionen des Ichs. Demnach gibt es keinen objektiven Bezugspunkt außerhalb des bewusstseinsfähigen Ichs. Wer dennoch danach sucht, gleicht eher dem Baron Münchhausen, der sich an den eigenen Haaren aus dem Sumpf zu ziehen versucht. Damit glaubt der Konstruktivismus, die Dualität im Erkennen (Subjekt-Objekt-Spaltung) zu überwinden und zu einer monistischen Position zu finden.

So steht der Konstruktivismus in der Tradition des Skeptizismus, der schon bei mit den griechischen Vorsokratikern beginnt, wenn etwa Demokrit erklärt, dass wir nicht erkennen könnten, wie in Wirklichkeit ein Ding beschaffen sei. Der naive Glaube, dass die Dinge so seien, wie wir sie wahrnehmen, war damit überwunden. In der Neuzeit sind es dann Philosophen wie John Locke, David Hume, George Berkeley und Immanuel Kant, die zeigen, dass es nicht möglich ist, Sicherheit im Denken dadurch zu gewinnen, dass man sich auf eine objektive Wirklichkeit oder Wahrheit beruft, die in einer Welt außerhalb des Denkens und damit außerhalb des Ichs angesiedelt ist. Dieses »Außerhalb« des Denkens bildete das Reich ewiger Ideen in der griechisch-platonischen Philosophie oder die Welt der Naturgesetze wie im empirischen, auf Aristoteles gründenden Denken der modernen Naturwissenschaften. Die Idee eines objektiven Bezugspunktes außerhalb des Subjekts – ob im Geist oder in der Materie – ist in der Aufklärung der Neuzeit aufgegeben.

Die ontologische Frage, ob es eine vom Subjekt unabhängige objektive Realität gibt, wird allerdings im Konstruktivismus weder verneint noch bejaht, sondern offengelassen, da sie unbeantwortbar ist. Würde die Möglichkeit einer äußeren Realität bestritten, käme ja zumindest dieser Aussage ein allgemeingültiger, objektiver Status zu. Der Konstruktivismus behauptet aber vielmehr, dass jede Erkenntnis ausschließlich die eines kognitiven Systems sei, wobei er sich auf die eben erwähnten Einsichten der

Wahrnehmungspsychologie und Hirnforschung beruft. Im Konstruktivismus wird zwar betont, dass man über die Realität jenseits der Wirklichkeit keine Aussagen machen könne, aber auch diese Aussage ist die eines kognitiven Systems.

Die Vorstellung, dass es den Tod »gibt«, ist also das Konstrukt eines kognitiven Systems, nicht mehr und nicht weniger. So ist das Konstrukt Tod ein Konglomerat von kulturell gewachsenen Vorstellungen über den unvermeidlichen Prozess des Sterbens. Dass solche sozialen Konstrukte den Anschein des Objektiven und Wirklichen bekommen, liegt daran, dass sie von vielen geteilt werden und durch gesellschaftliche Riten und symbolische Vorstellungen abgedeckt werden.

Der Konstruktivismus führt uns natürlich nicht weiter in der Frage, was mit dem einzelnen Menschen passiert, wenn er stirbt. Aber er hilft uns zu verstehen, dass unsere Vorstellungen davon Konstruktionen des menschlichen Geistes sind. Insofern bewahrt er davor, diese Konstruktionen voreilig mit der Wirklichkeit gleichzusetzen und sie für objektiv gegeben zu halten, wenngleich durch den gesellschaftlichen Gebrauch solcher Vorstellungen der Eindruck von Objektivität und Gültigkeit entsteht. Dies als Illusion zu verstehen lehrt die sozialkonstruktivistische Sicht, wie sie Peter Berger und Thomas Luckmann in den 1960er Jahren mit ihrem Konzept der »gesellschaftlichen Konstruktion der Wirklichkeit« (Berger & Luckmann, 1969) entwickelt haben.

Der Tod zielt ab auf die Einheit des Seins: Sigmund Freuds Lehre vom Todestrieb

Obwohl Sigmund Freud derjenige ist, der uns die Abwehrtätigkeit des Ichs vor schmerzhaften, kränkenden und begrenzenden Erlebnissen gelehrt hat und als Erster die Frage, ob der Tod eine Illusion sei, mit Nein beantworten würde, da sie seiner Ansicht nach eine neurotische Abwehr sei, hat er mit seiner Lehre vom Todestrieb einen wichtigen Beitrag geleistet und uns eine neue Sicht auf den Tod ermöglicht. Denn Freud überwand das typisch westliche Getrenntheitsdenken. Er glaubte, dass im Unbewussten andere Regeln und eine andere Logik vorherrschten als im rationalen Wachbewusstsein.

In gewisser Weise kann man den Todestrieb als Überwindung der Dualität verstehen, führt er doch in den Zustand des Nirwana, der Vereinigung mit dem Nondualen. »Das Ziel alles Lebens ist der Tod«, so beschreibt Freud die natürliche Bewegung des Lebens in seiner Schrift »Jenseits des Lustprinzips« (Freud, 1920g, S. 40). Das Leben ist für ihn sozusagen ein Umweg zum Tod, denn der Tod ist das einzig Gewisse im Leben. Dem Tod begegnete Freud mit einer stoischen Unerschrockenheit, die er sich durch zahlreiche Verluste und Todeserfahrungen in seiner Lebensgeschichte angeeignet hatte. Dazu gehörten nicht nur die Verluste von Familienangehörigen, sondern auch die Todesschrecken, die der Erste Weltkrieg über Europa ausgebreitet hatte. Trotzdem war Freud nicht bereit, sich von irgendetwas trösten zu lassen, vielmehr beharrte er auf seinem wissenschaftlichen Realismus, nach dem der Tod seiner Meinung nach nur das eine sei: das Ende des Lebens. Deshalb interessierte er sich auch kaum für die Frage nach dem Tod, vielmehr strebte er danach, das Totenreich der Seele, das Unbewusste, zu erforschen. Vier Jahre nach dem Tod seines Vaters, den er als den schmerzlichsten Verlust im Leben eines Mannes bezeichnete, näherte er sich in seiner *Traumdeutung* (1900a) einem Bereich an, der in Mythen als Unterwelt bezeichnet wird und den seine Psychoanalyse das Unbewusste nennt. Was im naiven Alltagsbewusstsein außen zu sein scheint, wird bei Freud zum Innen. Die Projektion des Unbewussten in Mythen und Götter wird als innere Produktion des Menschen durchschaut, die nach außen gewendet wird.

So wie in der Unterwelt die Menschen weiterleben, so gibt es auch im Unbewussten keinen Tod. Das ist Freuds Entdeckung. Im Unbewussten herrscht ein Primärprozess, der durch Zeitlosigkeit und Widerspruchslosigkeit gekennzeichnet ist. Hier also, in der Unterwelt des Unbewussten, fand er das, was sein Verstand so sehr leugnete: die Annahme, dass es den Tod nicht gebe und in diesem unbewussten Seelenbereich Unsterblichkeit herrsche. Weil im Unbewussten keine Zeit existiert, gibt es auch keine Begrenzung und kein Ende und damit keinen Tod. Im Unbewussten ist alles ewig. In seinem Todestriebkonzept deutete er die Tendenz des Unbewussten, den Tod zu leugnen, in paradox anmutender Weise als Bewegung des Lebens selbst: Das Leben sucht den Zustand wiederzuerlangen, in dem es keinen Tod gibt, indem es sich auf den Tod zu bewegt. Diese Rückkehr alles Lebenden ins Anorganische dient der Aufhebung der Triebspannung und dem Finden eines harmonischen Zustandes, den er in Anlehnung an den Buddhismus »Nirwana« nennt. Dennoch vermag er das Überschreiten des Dharmas, mit dem die duale Ordnung der Welt gemeint ist, in eine nonduale Wirklichkeit in seinem Todestriebkonzept nicht zu erkennen. In gewisser Weise meint er mit diesem Prinzip die Rückkehr in den anorganischen Zustand der Spannungslosigkeit im Dienste des Lustempfindens. Wie er das genau versteht, macht folgendes Zitat deutlich:

> »Ein Trieb wäre also ein dem belebten Organischen innewohnender Drang zur Wiederherstellung eines früheren Zustandes, welches dieses Belebte unter dem Einfluss äußerer Störungskräfte aufgeben musste« (Freud, 1920g, S. 38).

In seinem Konzept wird die Wiederholungstendenz und der konservative Charakter allen Begehrens sichtbar: Der Todestrieb führt das belebte Organische zurück in den früheren Zustand des Anorganischen, welcher einer Todesvermählung mit der mütterlichen Materie gleichkommt (vgl. ebd., S. 40).

Entscheidend ist, dass Freud diese Tendenz zurück in den Einheitszustand nur als eine rückwärtsgewandte Bewegung verstehen kann und nicht als eine Trans-Bewegung. Zu sehr ist er als Wissenschaftlicher durch das duale Denken befangen, als dass ihm dieser Schritt möglich wäre. Dabei hat er mit seinem Todestrieb eine Bewegung des Psychischen erfasst, in der das Individuum mit einer anderen Wirklichkeit eins wird, indem es die Welt der Dualität verlässt. Weil Freud diese Bewegung aber nur als »re« und nicht als »trans« begreifen kann, sieht er im Nirwana jenen ursprünglichen Zustand wiederhergestellt, der in der Verbindung mit dem mütterlichen Urgrund des Lebens besteht. Für ihn kommt allen erreichbaren Triebobjekten im Leben nur ein Ersatzstatus zu für dieses eine verlorene, unersetzliche Objekt der Mutter. Damit bewegt er sich zurück in Richtung unsres empirischen Ursprungsortes, der in der dualen Wirklichkeit und damit in der Zeit angesiedelt bleibt. Auf die weibliche Urhöhle bezieht sich alles Begehren als eine infantile »Sehnsuchts-Angst« (Freud, 1923b, S. 289), die der Trennung von der schützenden Mutter am Lebensbeginn entspringt und das lebenslange sehnsüchtige Hoffen auf Wiedervereinigung antreibt und gleichzeitig das Ich einer Täuschung erliegen lässt, die der tatsächlichen Heimkehr zum verlorenen Ursprung. Täuschung ist es insofern, als Freud die sehnsüchtige Verbindung mit dem Einen, dem mütterlichen Ursprung, in der Welt der empirischen Objekte ansiedelt und nicht in einem Bereich jenseits der phänomenalen Objekte. Die Todestriebkonzeption kann die Entwicklung des Lebens nur als Rückkehr in einen vorherigen, das heißt einen Prä-Zustand verstehen und nicht als einen überschreitenden, das heißt Trans-Schritt in einen anderen nicht-dualen Wirklichkeitsbereich.

Man kommt kaum umhin, bei den todestriebhaften Spekulationen Freuds an mystische Sätze zu denken wie den des Heiligen Augustinus: »Unruhig ist unser Herz, bis es ruhet in Dir.« Den Rationalisten und Stoiker Freud interessierte der Tod nicht, dem Erforscher des Unbewussten aber offenbarte sich eine Macht, die in die Unendlichkeit der Zeitlosigkeit führt, auf die sich das unbewusste Streben des Menschen hinbewegt. Im Tod erreicht der Mensch jene Vermählung mit dem All-Einen, das Freud in der Gestalt des mütterlichen Urgrunds sieht. Der dahinter liegenden spirituellen Wahrheit konnte Freud aber keinen Raum geben, obwohl seine Schrift »Jenseits des Lustprinzips« den Schauplatz darstellt, »eines Ringens mit metaphysischen Denkformen, die Freud unterminiert, ohne sich von ihnen befreien zu können« (Picht, 2020, S. 888). Die Frage ist, ob er das auch wirklich wollte. Die Verwendung des spirituellen Begriffs »Nirwana« aus einer nondualen Denktradition macht zumindest seine Ambivalenz bezüglich der Trans-Dimension des Bewusstseins deutlich. Sein Todestriebkonzept ist jedenfalls ein Dokument dafür, dass die Liebe und das Leben nicht nur in einem Gegensatz zum Tod stehen und der Tod das Leben vernichtet, sondern dass beide ineinander verschränkt sind. Man könnte vermuten, dass der Tod auf diese Weise von einem umgreifenden Ganzen aus gesehen werden sollte.

Damit wird wiederum die Frage aufgeworfen, ob die psychoanalytische Konzeption des Unbewussten einer Erweiterung in Richtung des Transbewussten bedarf, um den Modus des nicht-dualen Bewusstseins mit in die Theorie des Unbewussten aufzunehmen. In meinem Buch *Ich – Eine Illusion?* (2011) habe ich dazu einen Vorschlag gemacht, auf den ich hier nur kurz hinweisen möchte: Unser Bewusstsein hat Freud um die Dimension des Unbewussten erweitert, welches er als dynamisches Kräftespiel zwischen biologisch verankerten Triebwünschen und deren

Einschränkungen durch die Kultur, repräsentiert durch Überich und Ich-ideal, verstand. Nach heutigem Stand der Bewusstseinsforschung wäre das Bewusstsein um die Dimension des Transbewussten zu erweitern. So könnte das Anliegen des »Philosophen« Freud, das in vielen seiner Schriften anklingt, aufgegriffen und weitergeführt werden.

Der Tod ist nichts vom Leben Getrenntes: die Quantenphysik

Die Quantentheorie ist auf der Seite der Naturwissenschaft die Theorie, die die grundlegende Idee der Getrenntheit von Subjekt und Objekt, von Leben und Tod in dem Sinne überwindet, dass sie dieser Idee die Tatsache der Verbundenheit und Einheit an die Seite stellt.

Es handelt sich um ein Verständnis von Wirklichkeit, durch das alle traditionellen Vorstellungen radikal infrage gestellt werden, so etwa der Glaube an eine objektiv vorhandene Welt, die in Raum und Zeit nach den Gesetzen der Kausalität funktioniert, die messbar und in kleinste Teile zerlegbar ist und von einem forschenden Subjekt objektiv erkannt werden kann. Diese Vorstellungen gelten nicht in der Quantentheorie. Wird in der klassischen Physik Materie in ihre kleinsten Elementarteilchen zerlegt, um herauszufinden, aus welchen Bausteinen der Kosmos zusammengesetzt ist, so ist dieses trennende Vorgehen im Bereich der Quantenwirklichkeit unangemessen, denn die Materie besitzt nach dieser Theorie vielmehr ein Doppelgesicht: Licht etwa kann sowohl aus Wellen als auch Teilchen bestehen. Solange kein Messinstrument eingesetzt wird, erscheint das Photon (Lichtteilchen) als Welle, die sich kreisförmig im Raum ausbreitet. Man kann niemals mit Sicherheit sagen, wo sich das Photon aufhält. Erst wenn es von einem Messinstrument festgehalten wird, wandelt es sich in Teilchen. Die Quantenebene ist also nicht der Bereich der objektiven Fakten, sondern der Möglichkeiten. Erst durch Beobachtung und Messung wird etwas manifest, weil dadurch die Wellenfunktion zusammenbricht und das Faktum eines Teilchens entsteht. Man kann also sagen, dass der Beobachter die Realität schafft, dass das subatomare Universum erst durch das beobachtende Subjekt entsteht.

Die von der Quantenphysik angenommene Wellenfunktion bedeutet die Aufhebung der zuvor genannten klassischen Prinzipien, denn wenn das zu messende Objekt als Welle definiert ist, dann produziert der Messende oder das Messsystem ebenfalls eine Wellenfunktion, sodass beim Messvorgang eine Überlagerung (Superposition) von Wellen entsteht. Das zu messende Objekt ist also niemals objektiv, sondern entsteht immer nur in Wechselwirkung zwischen dem zu Messenden und dem Messsystem. Das bedeutet, dass Beziehung und Prozess an die Stelle von Festgesetztem treten, an die Stelle des Subjekt-Objekt-Modus tritt die Verschränkung und an die Stelle von Getrenntheit die Überlagerung. Erst durch das Zusammenbrechen der Wellenfunktion entstehen Fakten. Beide Ebenen, die der Quantenphysik, auf der alles verbunden ist und keine Getrenntheit existiert, und die der klassischen Physik der separierten Fakten und Teilchen, sind notwendig, um die »Natur« vollständiger zu verstehen.

Was überhaupt sind Quanten? Mit dieser Frage beginnt die Schwierigkeit, denn wenn wir Quanten zu Objekten von Beschreibung machen, hätten wir die Quantentheorie bereits wieder verlassen. Aber als an Sprache gebundene Lebewesen können wir nur so vorgehen. Dann lassen sich Quanten als kleinste Energieeinheiten beschreiben. Die traditionelle Physik zerlegt die Wirklichkeit in kleinste Teile, ein Quant ist jedoch kein »Teil«, sondern eine kleinste Energieeinheit. Wenn die Wirklichkeit aus Sicht der Quantentheorie nicht aus kleinsten Teilchen besteht, dann existiert sie in ihrer Autonomie überhaupt nicht, sondern wird erst hervorgebracht durch den Beobachter. An die Stelle der Objektivität der Welt und deren Getrenntheit vom Betrachter tritt die Subjektivität, die eins ist mit dem zu beobachtenden Objekt. Die Aussagen über das Universum werden auf den Kopf gestellt, das heißt, in den Kopf verlagert, denn nur dort existiert das Universum. Abstrakt und formal formuliert: Ein Quantenobjekt ist alles, was durch die Quantentheorie beschrieben wird. Erwin Schrödinger, einer der Väter dieses neuen Paradigmas, hat die psychologisch-philosophische Konsequenz dieses neuen Denkens für die Vorstellung vom Ich benannt:

> »[S]o unbegreiflich es der gemeinen Vernunft scheint: du – und ebenso jedes andere bewusste Wesen für sich genommen – bist alles in allem. Darum ist dieses dein Leben, das du lebst, auch nicht ein Stück nur des Weltgeschehens, sondern in einem bestimmten Sinn das Ganze. Nur ist dieses Ganze

nicht so beschaffen, dass es sich mit einem Blick überschauen lässt. – Das ist es bekanntlich, was die Brahmanen ausdrücken mit der heiligen, mystischen und doch eigentlich so einfachen Formel: Tat twam asi (Das bist du). – Oder auch mit den Worten wie: Ich bin im Osten und im Westen, bin unten und bin oben, ich bin diese ganze Welt« (Schrödinger, zit. n. Stein, 2006, S. 23).

Der Physiker Thomas Görnitz (2008), auf dessen Arbeit ich mich hier beziehe, erhebt nun den Anspruch, mithilfe der Quantentheorie zum ersten Mal das Phänomen des Bewusstseins naturwissenschaftlich erklärt zu haben, ohne in den biologischen Reduktionismus verfallen zu sein. Der Weg zum Erklären von Bewusstsein führt über ein neues Verständnis von Materie, weil im traditionellen Verständnis von Materie das Phänomen Bewusstsein unerreichbar bleiben würde. Auch die dualistische Lösung – Geist und Materie – würde dem Bewusstsein zwar eine gewisse Eigenständigkeit einräumen, es aber aus der naturwissenschaftlichen Betrachtung ausschließen. Genau das will der quantentheoretische Ansatz verhindern.

Ich gebe zum besseren Verständnis einige informative Hinweise aus meinem Buch *Ich – Eine Illusion?* wieder (Funke, 2011, S. 173–180): Das quantentheoretische Verständnis von Materie entspricht einer kopernikanischen Wende: Materie wird als geformte, noch bedeutungsfreie Quanteninformation verstanden, die nach dem Physiker David Bohm (1917–1992) (vgl. Becker, 2009, S. 245–255) zur impliziten Weltordnung gehört, in der nicht das Prinzip der Getrenntheit herrscht wie noch in der expliziten Ordnung der Welt. Im Gehirn bleibt die Quantenebene so lange aktiv, bis sie vom traditionell funktionierenden Bereich des Gehirns bearbeitet wird, ein Gedanke entsteht und das Bewusstsein aus der Beobachtung hervorgeht. Dieser Gedanken erzeugende Vorgang ist mit der Messung zu vergleichen, durch die Fakten als abgegrenzte Teilchen entstehen. Als reine Quanteninformation wäre der Gedanke oder Bewusstseinsinhalt mit dem Rest des Universums verbunden.

Sowohl Körperliches als auch Geistiges haben sich aus dieser impliziten Ordnung – philosophisch könnte man vom unteilbaren Sein sprechen – als explizite Formen entwickelt. Die nicht-materiellen Informationen der impliziten Ordnung gestalten die Atome und geben dem Körper seine Masse. Bewusstsein wird diesem Ansatz entsprechend zur

Quanteninformation erklärt, die sich selbst kennt und erlebt und die sich als ontologisch real verstehen lässt. Das Gehirn mit seinen neuronalen Operationen ist demnach die Stelle, an der die Quanteninformationen bearbeitet und mit Bedeutung versehen werden. Thomas und Brigitte Görnitz formulieren es so: »Geist ist dasjenige, das vom Gehirn, einem erstaunlich komplexen Informationsverarbeitungssystem, bearbeitet wird« (2008, S. 212).

Auf diese Weise wird die Geistestätigkeit des Menschen nicht auf neuronale Prozesse reduziert, sondern den subjektiv gefühlten und gedachten Inhalten, den Qualia, in ihrer Eigenständigkeit Rechnung getragen. Das Gehirn ist kein Agent, der sozusagen autonom dem Menschen sein Denken und Fühlen diktiert wie ein Homunkulus, der im Kopf sitzt.

Beziehen wir die quantentheoretischen Überlegungen auf die Frage, ob es den Tod gibt, dann lässt sich sagen, dass es kein lokalisierbares und abgrenzbares Ereignis namens Tod gibt. Wenn das Prinzip der Nichtseparabilität gilt, dann ist der Tod ein Prozess, der in ständiger Verbindung mit anderen Prozessen steht, die dem erlebenden Bewusstsein in der Regel unbewusst bleiben (vgl. ebd., S. 278–283). Neben der Gegenüberstellung von zwei getrennten Bereichen, nämlich Leben und Tod, besteht der Modus der Interferenz, die man sich bildlich als Überlagerung von Wellen vorstellen kann. Leben und Tod überkreuzen sich und sind Ausdruck des einen Seins. Der Tod und das subjektive Bewusstsein davon erscheinen aus quantentheoretischer Perspektive sowohl als Teil des Ganzen und als auch als das Ganze. Wenn die Wellenfunktion das ganze Universum beschreibt, dann ist der Tod das Ganze. Durch Beobachtung, also durch Denken, bricht die Wellenfunktion zusammen und der Tod wird zu einem Teil des Ganzen. Unter dem Gesichtspunkt der Nichtlokalität und Nichtseperabilität (Wellenfunktion) existiert der Tod nicht, unter dem Aspekt des Kollapses der Wellenfunktion durch Beobachtung wird er real.

Ist der Tod ein Bewusstseinsproblem?

Die drei verschiedenen Zugänge zum Tod beschreiben jeweils eine transpersonale Sicht auf diesen im Kontext eines Einheitsbewusstseins bezüglich allen Seins. Der Tod als Gegenüber oder als zeitliches Ende des Lebens existiert nur in einem Bewusstseinsmodus, der von der dualen Getrenntheit von Individuum und Welt ausgeht. Diese Getrenntheit nicht als letzte Wirklichkeit zu erkennen ist das umfassende Ziel aller östlichen und westlichen Weisheitslehren. Die nicht-duale Sichtweise einzunehmen ist keine kognitive Leistung unseres Denkens, sondern beruht auf Gewahrsein und Erfahrung. Weil sie nicht das Ergebnis des Denkens ist, kann man an sie auch nicht glauben. Der Glaube an etwas bewegt sich im Modus der Subjekt-Objekt-Spaltung, die ja gerade im mystischen Erleben überwunden wird. Aus diesem Grund kann man über diese Erfahrung auch nur schlecht sprechen, denn sonst bewegen wir uns durch den Gebrauch von Worten wieder im dualen Raum von Subjekt und Objekt.

Im nondualen Bewusstsein gibt es keine Differenz und keine Grenze. Im Gegenteil, solche werden als ein mentales Problem angesehen, dem nichts Wirkliches – nur das Mentale – anhaftet. Weil in der Natur alles mit allem verbunden ist, gibt es hier keine Grenzen. Von einem ursprünglich grenzenlosen Zustand geht auch die Bewusstseinsevolution aus. Ken Wilber spricht von der »Urgrenze« (1991, S. 100), die durch eine Spaltung entstehe von Sehendem und Gesehenem, von Wissendem und Gewusstem, von Subjekt und Objekt. Erst durch die Grenze bilde sich so etwas wie Unterscheidung, Differenz und Beziehung.

Dies ist die Geburtsstunde des Individuums, das sich von seiner Umwelt zu unterscheiden lernt und davon ein Bewusstsein entwickelt. Die großen Schöpfungsmythen, vor allem die jüdisch-christliche Geschichte vom Paradies und der Vertreibung des Menschen daraus, erzählen vom Verlust der Ureinheit und Gottgemeinschaft. Dieser Verlust wird als hochambivalenter Vorgang beschrieben, weil durch ihn einerseits die glückliche Geburtsstunde des menschlichen Ichs reflektiert wird, andererseits die Stunde der Geburt als Beginn des Leidens, das sich aus der Getrenntheit ergibt. Durch die allmähliche Verdrängung des Zustands der Alleinheit und Allverbundenheit ins Unbewusste erscheinen uns die Dinge außerhalb unseres Ichs als eigenständige Gegebenheiten. Sie bekommen den Status von etwas Objektivem, wodurch wir nicht mehr erkennen können, dass sie in Wirklichkeit mit dem Ich verbunden sind. Jiddu Krishnamurti, ein buddhistischer Weiser, drückt dies so aus: »Und in dieser Distanz, der Teilung zwischen dem Sehenden und dem Gesehenen, in dieser Teilung besteht der ganze Konflikt des Menschen« (zit. n. ebd., S. 101).

Mit seiner Geburtsstunde, so die Ansicht der Weisheitslehrer, identifiziert sich das Individuum mit seinem Körper als Träger des Ichs. Damit wird alles, was sich außerhalb seines Körpers befindet, zum Außen erklärt, dem es sich gegenüber sieht. Es vergisst, dass es einmal mit all dem verbunden war. Der Mensch erlebt sich dann nicht mehr als Teil der Welt, sondern als ihr Gegenüber. Er fühlt sich hineingeworfen in die Welt, wie die Existenzialisten sagen. Die Welt außerhalb meines Selbst wird zur Bedrohung, die mich einengt, mir feindlich gesinnt ist, mich verschlingt oder mich fallen lässt. Um dieser Gefahr zur entgehen, macht sich der Mensch selbst zum Herren der Welt, er nimmt allmählich die Stelle des Schöpfers ein und entfaltet seinen Gotteskomplex.

Die nonduale Sicht betrachtet den Tod nicht als etwas vom Leben Getrenntes, wie uns schon durch die Substantivierung »der Tod« suggeriert wird. In dem Moment, in dem der Körper seine Funktionen aufgibt und zerfällt, zerfällt auch die Illusion, er sei etwas Wirkliches. Mit dem Zerfall des Körpers stirbt auch unser Ich, denn Körper und Ich sind identisch. Deshalb ist der Tod die Chance, diese Illusion zu durchschauen, denn mit dem Ich-Tod wird das immaterielle Selbst sichtbar. Es ist das Einzige, was bleibt. Ihm kommt Realität zu, weil es nicht an die duale Weltsicht gebunden ist. Aber diese Realität ist nicht zu verwechseln mit einer Gegebenheit in der Welt der Getrenntheit. Realität ist kein Ding, kein Objekt, eher ein Nobjekt, ein Zustand. Der Begriff »Selbst« ist sozusagen das Zugeständnis an die Sprache, die sich ja in der Welt der Subjekt-Objekt-Trennung bewegt.

Deshalb kommt es im Leben darauf an, sich in den Zustand des Ungeschiedenseins von dem Sein einzuüben. Durch Meditation und Vergegenwärtigung versucht der spirituelle Übende, mit dieser Seinswahrheit eins zu werden. Wenn der Betrachtende ein Bewusstsein von der wahren Natur des Menschen erreicht hat, kann er die Kunst des Lassens und Loslassens trainieren oder besser gesagt: Er braucht sich gar nicht um sie zu bemühen, denn sie entsteht als Folge der Erkenntnis der ungetrennten, nicht-dualen Seinswahrheit.

Die Kunst des Sterbens, Ars Morendi, besteht also nicht mehr primär im Loslassen des Lebens, wie es die westlichen Philosophen beschreiben, sondern zuerst und vor allem in der Erkenntnis der Einheit des Seins, was soviel heißt wie in der Einheit von Geburt und Tod. Deswegen könnte man dem Theologen Jürgen Moltmann (2020) folgend auch von einer »Ars Resurgendi«, der Kunst des Auferstehens und Erwachens, sprechen. Im Tod können wir aus dieser Einheit nicht herausfallen. Geburt und Tod sind eins, beides sind Manifestationen des einen Lebens. Mit der Verbindung von Ei- und Samenzelle gewinnt ein individuelles Leben an Gestalt und tritt in die Welt der Erscheinungen und Formen ein. Beim Sterben löst sich diese Form wieder auf und wird zu dem, was sie vorher war, formloses Sein.

Tod gibt es nur, wenn es Zeit gibt

Mit der Trennung von innen und außen, von Ich und Welt tritt auch die Zeit auf den Plan. Im Paradies gibt es noch kein vorher und kein nachher, alles ist reine Gegenwart. Es gibt noch keine Liebe und keinen Hass, alles ist, was es ist. Ein taoistischer Weisheitslehrer beschrieb diesen Zustand so:

> »Die wahren Menschen von früher wussten nichts von der Liebe zum Leben oder dem Hass auf den Tod. Der Eintritt ins Leben machte ihnen keine Freude; das Scheiden vom Leben weckte keinen Widerstand. Gelassen kamen und gingen sie. So fehlte ihnen jeder Versuch, mit Hilfe des Menschlichen dem Himmlischen zu widerstehen« (zit. n. Wilber, 1991, S. 103).

Was hat das mit dem Tod zu tun? Wenn wir nach zeitlichen Vorstellungen leben, ist es unser größter Wunsch, eine Zukunft zu haben. Tod ist dann der Zustand, in dem es keine Zukunft mehr gibt. In unserer ichhaften Einstellung wird deshalb der Tod zum Übel erklärt, weil er uns ja die Zukunft nimmt, von der unser Leben abhängt. In der spirituell-nondualen Einstellung dreht sich das Ganze um: Wenn Tod heißt, keine Zukunft zu haben, dann bedeutet das auch, der Tatsache Raum zu geben, dass es tatsächlich keine Zukunft gibt, sondern nur das Jetzt. So gesehen wird die Todesangst zu einer Lehrmeisterin, die anstiftet, die Zeit als Illusion zu durchschauen. Lassen wir Ken Wilber noch einmal zu Wort kommen:

»Alles, was gerade geboren, gerade ins Dasein getreten ist, hat keine Vergangenheit hinter sich. Die Geburt ist, anders ausgedrückt, keine Vergangenheit zu haben. Und gleichermaßen hat alles, was stirbt, zu sein aufgehört hat, keine Zukunft mehr vor sich. Tod ist der Zustand, keine Zukunft zu haben. Aber wir haben schon gesehen, dass dieser gegenwärtige Moment zugleich weder Vergangenheit noch Zukunft hat. Das heißt, Vergangenheit und Zukunft sind in diesem gegenwärtigen Moment eins. Dieser Augenblick wird eben jetzt geboren – Sie können niemals eine Vergangenheit des gegenwärtigen Augenblicks finden, Sie können nichts finden, das vor ihm liegt. Aber ebenso stirbt dieser Augenblick eben jetzt – Sie können keine Zukunft dieses Augenblicks finden, nichts, das nach ihm kommt. Er entsteht und vergeht zu ein und demselben Zeitpunkt. Diese Gegenwart ist also ein Zusammenfallen von Gegensätzen, eine Einheit von Geburt und Tod, Sein und Nichtsein, Leben und Sterben« (Wilber, 1991, S. 104).

Im christlichen Zusammenhang gibt es ein passendes Gedicht von Rose Ausländer, in dem sie die geläufige Vorstellung von Zeit unterläuft: »Vor seiner Geburt/war Jesus/auferstanden/Sterben gilt/nicht/für Gott/und seine Kinder/Wir sind Auferstandene/Vor unserer Geburt« (1986).

Ausländer führt die Vorstellung von Auferstehung letztlich auf die auferweckte Einsicht zurück, dass keine zeitliche Abfolge besteht und das Sterben deshalb nicht für Gott und seine Kinder gilt, also nicht für den, der in der Einheit des Seins, in der Identität von Jetzt und Selbst, lebt.

Geburt und Tod sind eins

Das Verwandeln von sich ausschließenden Gegensätzen in aufeinander bezogene Polaritäten ist eine spirituelle Aufgabe: Geboren werden und sterben, wachsen und vergehen, aufsteigen und absteigen werden als Einheit gesehen. Wenn diese Polarität zerfällt, entsteht Ungewissheit, Angst und Leiden. Erst im Bewusstsein der Einheit beider Vorgänge entsteht die Gewissheit des einen Lebens.

Diese polare Bezogenheit von Ich und Selbst, Dualität und Nondualität, kommt in der altindischen Philosophie des Advaita Vedanta (a-dvaita = nicht-zwei, veda = Wissen; Weisheit, also nicht-duales Wissen) gut zum Ausdruck. Danach besitzt jeder Mensch eine Seele, ein Selbst (atman), das letztlich identisch ist mit der Weltseele (brahman). Weisheit besteht in der Erkenntnis, dass atman und brahman eins sind, auch wenn sie jeweils einen anderen Aspekt benennen wie bei einem Kippbild: Atman bezeichnet das personale, dual geprägte Ich, während brahman den nondualen Aspekt des einen unteilbaren Ganzen bezeichnet, das Selbst.

Im Brahman-Bewusstsein kann es keinen Tod geben, weil es auch keine Trennung gibt und nichts streben kann. Alles ist Entwicklung und im Werden. Der Weg zur Erreichung dieses transpersonalen Bewusstseins ist die Selbsterforschung und Selbstergründung. Indem das Ich seine Vorstellung vom Tod erkennt, macht es sich zum Objekt, wobei sich im Erkenntnisvorgang diese Spaltung in erkennendes Ich und erkanntes Ich, in Subjekt und Objekt, auflöst. In diesem Gewahrwerden realisiert sich das Brahman-Sein. Der Tod verliert auf diese Weise seinen Realitätscharakter und löst sich als Konstrukt des dualen Bewusstseins auf. Die Aufhebung dieser Subjekt-Objekt-Spaltung ist das höchste Ziel der Befreiung. Man kann also sagen, dass sich das Ich durch seine Vorstellung vom Tod in diesem Erkenntnisvorgang selbst auflöst.

Bereits hier wird ebenso wie in den anderen östlichen Weisheitslehren deutlich, dass es beim Postulat einer nicht-dualen Wirklichkeit zwar um so etwas wie Metaphysik geht, aber eben nicht im Sinne metaphysischer Traditionen des Abendlandes, wo dem Sein, also dem, was hinter den Dingen anzutreffen ist, ein objekthafter Status verliehen wird, wo es in Begriffe gezwängt und damit zum Objekt des Denkens gemacht wird. Weil die östliche Mystik auf solche ontologischen Vorgaben verzichtet, ist sie viel mehr auf Erfahrung und Selbsterfahrung ausgerichtet. Nur im erfahrenden Erkennen kann das Ich den Wahrheitsgehalt des Seins erfassen, nicht durch rein rational-ableitendes und schlussfolgerndes Denken. Die Ablehnung von ontologischen Vorgaben praktiziert in besonderer Weise der Buddhismus, der aus diesem Grund ein Erfahrungsweg par excellence ist. Diese transformierende, prozesshafte Praxis liegt auch der Verkündigung Jesu zugrunde, die auf alle Vorgaben verzichtet: Sie zielt auf das augenblickliche Geschehen beim Gehen des Weges ab, der nur so seine verborgene Wahrheit offenbart. Deshalb sagt Jesus: »Ich bin der Weg und die Wahrheit und das Leben« (Joh 14,6).

Das Christentum zwischen personaler und transpersonaler Position

Unsere westliche Einstellung zum Tod ist stark vom Christentum geprägt, von seiner Lehre vom ewigen Leben, von der Auferstehung des Leibes und der unsterblichen Seele. Als der christliche Glaube in der Spätantike entstand, verbündete er sich mit den besten philosophischen Lehren und brachte seine Auffassung von der leibseelischen Einheit des Menschen und dessen Weiterexistenz nach dem Tod auf den Punkt. Die Schablone für die Vorstellung, wie der Tod zu verstehen ist, bildet die Auferstehung Jesu.

Die Quintessenz der christlichen Osterbotschaft besteht in der Hoffnung, dass der Tod nicht die letzte Realität im Leben des Menschen sei, sondern dass er weiterlebe in Gott. Wie dieses Weiterleben aussehen könnte, dazu gibt es verschiedene Sichtweisen. Die Evangelien betonen in ihren Auferstehungsberichten, dass der Auferstandene kein Geist war, sondern aus Fleisch und Knochen bestand. Er ließ sich berühren und aß mit seinen Jüngern. Im Gegensatz dazu plädiert Paulus im ersten Korintherbrief für eine geistige, nicht körperliche Sicht der Auferstehung. Fleisch und Blut könnten das Reich Gottes nicht erben (1 Kor 15,35). Es ist der »geistliche Körper«, der auferweckt wird und sich vom materiellen Körper unterscheidet. Dennoch hat sich unter dem Einfluss früher Kirchenväter wie Athenagoras und Tertullian die aristotelische Sicht durchgesetzt, die dann 1.000 Jahre später durch Thomas von Aquin Einzug in die mittelalterliche Theologie hielt: die körperbezogene Vorstellung von Auferstehung.

Da ja der ganze Mensch zur Auferstehung berufen ist, brauchte es eine Konzeption, die den ganzen Menschen erfasste. Und da kam die Position des Aristoteles gerade passend: sieht er doch die Seele als Form des Körpers und den Körper als materialisierte Seele. So konnte die Idee der persönlichen Identität, die nur als Verbindung von Leib und Seele gedacht wurde, realisiert werden. Schließlich fand diese Position der Auferstehung in der Formulierung des 4. Laterankonzils 1215 seine kirchenamtliche Anerkennung. Damit ist den Theologen zufolge der Erhalt der personalen Identität eines Menschen über den Tod hinaus gemeint. Diese Identität war nur über die körperliche Präsenz vorstellbar, was die Hoffnung zur Folge hatte, die Verstorbenen im Jenseits in ihrer irdischen Gestalt wiederzusehen. Das Leben nach dem Tod wurde als Verlängerung des diesseitigen Lebens auf ewig verstanden, wodurch es die narzisstische Fantasie von der Unsterblichkeit des Ichs genährt hat.

Bei dieser Auferstehungsvorstellung zeigt sich besonders deutlich, wie sehr dieses Denken in einem subjektzentrierten Bewusstsein verankert ist, das die Personalität eines Menschen zur letzten Wirklichkeit erklärt. Eine transpersonale Vorstellung dagegen würde gerade die Nicht-Identität von Ich und Selbst mitbedenken.

Die Auffassung von der leiblichen Auferstehung im frühen Christentum ist ein eindrucksvoller Versuch, den antiken platonischen Dualismus zu überwinden, die den Menschen in Leib und Seele aufteilt. Insofern spiegelt sich in der Lehre von der Auferstehung des Leibes die Auffassung wider, dass Leib und Seele eine psychosomatische Einheit bilden. Aber auch das, was eine Einheit bildet, unterscheidet sich: Leib und Seele sind so gesehen Ausdruck der dualen und nondualen Aspekte des einen menschlichen Lebens, die in Bezogenheit und Polarität zueinander stehen wie die Brennpunkte einer Ellipse. Man kann diese Pole als »Ich« und »Selbst« bezeichnen, die in ihrer Bezogenheit eine polare Ganzheit bilden, weshalb wir auch vom »Ich-Selbst« sprechen können.

Das Zueinander von sterblichem Ich und unsterblichem Selbst

Die Ich-Selbst-Ganzheit spiegelt sich in der christlichen Symbolik, wie bereits erwöhnt, im Doppelnamen »Jesus Christus« wider: Das personale Ich und das transpersonale Selbst gehören zusammen. Die Deutung des Todes Jesu und seiner Auferweckung liest sich in einer nondualen, transpersonalen Perspektive als Tod des Ichs – die Voraussetzung für die Geburt des transpersonalen Selbst. Im Ich-Selbst-Modell stellt sich die Bewältigung des Todes anders dar: Es geht um die Wiedergewinnung der Einsicht, dass im transpersonalen Selbst keine Differenz besteht zwischen Leben und Tod. Deshalb sind Geburt und Tod eins. Die Differenz zwischen Leben und Tod besteht nur im dualen Ich. Auf dem Weg zu spiritueller Reifung muss das Ich seine Vormachtstellung aufgeben, was das Ich als Verlust erlebt. Genau dies meint der mystische Tod. Indem das Ich in seiner Abgetrenntheit stirbt, kann das unabgetrennte und mit allem verbundene Selbst geboren werden. Da das Ich aber gelernt hat, sich mit sich und seinem Körper zu identifizieren, stellt dieser Prozess des Loslassens und des Aufgebens von gewachsenen Identifikationen einen schmerzhaften Vorgang dar. Dieser mystische Tod des Ichs korrespondiert mit der Geburt des Selbst, das im Vollzug der Erleuchtung als eins mit Gott und Welt begriffen wird. Symbolisch wird dieser mystische Ich-Tod durch den Tod Jesu am Kreuz zur Darstellung gebracht. Er ist die Voraussetzung, dass der nonduale Zustand des transpersonalen Selbst Teil des Bewusstseins wird. Dieser Prozess lässt sich am besten mit dem Bild der Wiedergeburt, das in vielen Religionen vorkommt, ausdrücken oder mit Jürgen Moltmanns (2020) Kunst des Erwachens.

Todesbewältigung stellt sich in den spirituellen Traditionen also als ein Prozess der Einsicht dar, und zwar in die wahre, ungetrennte Natur des Selbst. Diese Einsicht soll und kann aber nicht geglaubt oder gedacht werden, sie stellt sich vielmehr ein in einem transformierenden Prozess, in dem das Ich seine zentrale Position aufgibt und das Selbst (wieder-)geboren wird.

Das Erleben des mystischen Todes lässt sich von verschiedenen Seiten betrachten und auslegen. Wenn das Bewusstsein von der Wahrnehmung der äußeren Welt befreit ist, wenn es in Gott aufgegangen, mit Gott vermählt, mit Gott eins und mit Gottes Bewusstsein identisch geworden ist, was geschieht dann mit der Persönlichkeit? Sie ist überwunden. Das ist der mystische Ich-Tod.

Als Beispiel für einen christlichen Mystiker sei der Görlitzer Schumacher, Philosoph und Mystiker Jakob Böhme (1575–1624) genannt. Er spricht in diesem Zusammenhang von der Überwindung der Ichheit, die zu einem neuen Bewusstsein führt, das die Vorstellung von Zeit und damit vom Tod als Ende des Lebens hinter sich lässt. Er spricht von Christosophie und meint damit eine Lebenspraxis, die dem Modell des christlichen Wegs folgt. Es geht ihm dabei nicht um Inhalte, die geglaubt werden müssen, nicht um einen »Glauben an« Christus, sondern um ein Gleichwerden mit Christus, also um einen transformierenden Prozess. Dabei steht für ihn der irdische Jesus, der am Kreuz stirbt, für die Ichheit, die losgelassen werden will, also sterben muss. Am Kreuz stirbt der alte Adam, der nach dem Verlassen des Paradieses in die Welt der Zweiheit eingetreten ist. Sein Sterben ist ein Akt des Loslassens und der Wandlung, der es erst ermöglicht, christusförmig zu werden, also die Grenzen von Ich und Zeit zu überwinden. Christus steht dabei als Chiffre für das Selbst, das frei ist von Inhalten und Anhaftungen an ichhafte Vorstellungen. Christusförmig werden meint hier Ähnliches wie im Buddhismus, wo von der Buddhanatur gesprochen wird, die anzunehmen ist.

Der alltagspraktische Weg zur Geburt des Selbst bedeutet theologisch gesehen: Christusförmig zu werden ist der Weg der Ars Moriendi, der Kunst des Sterbens als Kunst des Lassens und Loslassen, der zugleich ein Weg der Ars Resurgendi, der Kunst der Auferweckung, ist. Dies bezieht sich vor allem auf die mentalen Konzepte, die wir von uns selbst und von der Welt aufgebaut haben. Im Lassen wird nichts gewollt, nichts muss erreicht werden. Lassen ist ein Weg, ein Verfahren, auf dem man die Illusionen, die sich das Ich von der Wirklichkeit macht, zu durchschauen lernt. Dieser Ich-Tod ist der vielleicht kreativste Schritt des Lebens und erst möglich, wenn sich ein Ich gebildet hat, wie ich an anderer Stelle immer wieder betont habe. Deshalb ist der spirituelle Weg auch keine Abwehr der Sterblichkeit und auch keine Vertröstung. Er reklamiert keine Metaphysik im Sinne ewiger Wahrheiten. Es ist ein Weg des Nicht-Wissens oder des »Anfänger-Geistes« (Suzuki, 2007 [1970]). Er zeigt seine Wahrheit nur im Akt des Gehens ohne mentale Konzepte.

Dieses Zulassen des Nicht-Wissens ist eine Form, die Kontrolle des mächtigen Ich-Bewusstseins über alles, was geschieht, aufzugeben. Das Ich will Herr »in seinem eigenen Haus« (Freud, 1917a [1916], S. 11) sein, wie Freud einmal sagte. Dabei lassen wir die Kontrolle des Ich-Bewusstseins täglich los, wenn wir uns beim Übergang in den Schlaf befinden. Der Schlaf, der ja auch als Bruder des Todes bezeichnet wird, erfordert, die Kontrolle über das Denken aufzugeben und sich einem Bewusstseinszustand zu überlassen, der sich dem Ich entzieht und in die Ungewissheit des Nicht-Bewussten führt. Diesen Übergang als tägliche Ars Moriendi zu erleben und zu gestalten, ist Sinn der religiösen Rituale, die diesen Übergang vom dualen in den nondualen Modus begleiten. Dazu gehören das Nachtgebet auf der Bettkante, der Tagesrückblick und die Bitte um Segen und Schutz in der Nacht. So wie ein Kind zum Einschlafen eine Geschichte oder ein Lied hören will, um seine Angst vor dem Loslassen abzumildern, so braucht auch der Erwachsene Riten, die diesen täglichen

Übergang begleiten. Loslassen und Sich-Überlassen dienen dem Leben, denn sie stellen die Verbindung zum vierdimensionalen Raum her.

Die transbewusste spirituelle Sicht als subtile Abwehr der Endgültigkeit des Todes?

Der mystische Tod ist ein Prozess des Lebens, der zur Auflösung mentaler Konzepten über uns selbst führt. Im Christentum nennt man das Auferweckung, im buddhistischen Glauben Erleuchtung. Es ist der spirituelle Aspekt unserer Selbstwerdung. Es stellt sich aber dennoch die Frage, ob die spirituelle Erfahrung ausreicht, um die Angst vor dem Sterben zu verlieren? Denn es bleibt in uns ein Rest Ich, in dem die Angst vor dem Tod verortet ist. Diese Angst zu akzeptieren, statt sie zu bekämpfen, nimmt ihr aber die Wucht. Vielleicht ist sie beim Übergang in einen anderen Zustand ganz verschwunden.

Dennoch stellt sich in Bezug auf die vorgetragenen spirituellen Auffassungen die kritische Frage, ob sich hinter den hier entwickelten transbewussten Sichtweisen nicht auch subtile Verleugnungsformen der Todesgewissheit und der Radikalität des Sterben-Müssens verbergen?

Diese Frage kann man sicher bejahen, denn alles hat in Bezug auf den jeweiligen Gegenpol Abwehrcharakter. Wer nur dem Ich-Pol verhaftet ist, wehrt die Bereitschaft zum Überschreiten und Relativierungen seiner mentalen Konzepte ab, wer nur den Selbst-Pol, also die spirituell-transbewusste Dimension des Lebens als einzige Wahrheit gelten lässt, wehrt vermutlich die Akzeptanz der Begrenztheit des biologischen Lebens ab, ohne sich an ihr abzuarbeiten und diese Grenze zu akzeptieren. Hier gilt, was schon öfter anklang: Ein Überschreiten der Grenzen setzt ein vorheriges Akzeptieren der Begrenztheit voraus. Man kann nur das überschreiten, was zuvor vorhanden war.

Das spirituelle Denken leugnet also nicht die Tatsache des gewissen Todes. Es gibt aber zu bedenken, dass das, was wir für Tatsachen halten, mentale Konstrukte unseres Bewusstseins sind. Es geht darum, den Konzepten vom Tod nicht einfach Glauben zu schenken und sie als bare Münze zu nehmen, sondern sie als das zu sehen, was sie sind: Konstruktionen von Menschen, die sich daran abarbeiten, sich einen Zustand vorzustellen, von dem keiner je eine Erfahrung machen kann, mal von den fragwürdigen Nahtoderlebnissen abgesehen. Weil der Tod alles zu radikal infrage stellt, bedeutet er eine tiefe Kränkung für den Menschen und sein Bedürfnis, unsterblich zu sein. Von diesem Wunsch zeugen nicht nur die Mythen und Göttergeschichten der Menschheit wie die großen Hochreligionen in Ost und West, sondern auch die spirituellen Wege in ein nonduales Bewusstsein. Auch sie sind mentale Konstrukte, die sich den Vorwurf gefallen lassen müssen, die Endlichkeit des Lebens nicht so ganz wirklich erscheinen zu lassen. Aber das zu akzeptieren, macht eine gelungene Lebenspraxis möglich.

6 Verbindungen knüpfen gegen die Macht des Ungewissen

Verbindungen knüpfen und halten ist die Form, um dem Ungewissen wie Krankheit, Tod, Verlust der Lebensgrundlagen, Trennungen und Traumatisierungen etwas entgegenzusetzen. Verbindungen sind demnach zwar nicht in der Lage, das Ungewisse zu beseitigen, können ihm aber etwas entgegenstellen. Sigmund Freud nannte es den Lebenstrieb in Bezug auf den Mythos von Eros, der in seiner Funktion als Liebesgott das Getrennte wieder zu größeren Einheiten zusammenfügt. Es gibt einen weiteren griechischen Mythos, in dem wichtige Aspekte der Verbindung als Mittel gegen die Ungewissheit in mythologischer Symbolsprache zum Ausdruck kommen: die Geschichte von Theseus und Ariadne. Sie bietet sich an, um am Ende dieses Essays noch einmal einige Facetten der Verbindung als Bewältigungsform von Ungewissheit hervorzuheben.

Ariadne, Theseus und der Faden

Der Faden der Ariadne, durch den sie mit Theseus in Verbindung bleibt, steht für die verbindende Kraft des Lebenstriebes. Man könnte auch sagen, er steht für die Liebe. Versteht man Liebe nicht als romantisches Gefühl, sondern als die vielleicht wichtigste Form der menschlichen Selbsttranszendierung, dann verbindet die Liebe den Einzelnen mit der Welt, mit anderen Menschen und mit sich selbst. Sie hebt das Gefühl der Isoliertheit und Getrenntheit auf, die Quelle der Angst vor dem Ungewissen und dem Tod. Nach dem *Hohelied der Liebe* des Apostels Paulus (1 Kor 13) ist sie das Größte, die Kraft, die den Tod überwindet. Um diese verbindende Kraft geht es in dem antiken Mythos von Theseus und Ariadne.

Die Erzählung vom Labyrinth des Minotaurus, durch das der Held Theseus mithilfe des Fadens der Ariadne sicher gelangt, hat eine historische Geschichte mit symbolischer Bedeutung. Die Beziehung zwischen Athen und Kreta bildet den Hintergrund der Begegnung von Theseus, dem Athener, und Ariadne, der kretischen Königstochter. Während Kreta für die »weibliche« Kultur steht – einigen Historikern zufolge könnte König Minos eine Frau gewesen sein –, stand Athen für die »männliche« Stadt. Zwischen beiden Orten gibt es gewalttätige Auseinandersetzungen. So ist Athen verpflichtet, Kreta jedes Jahr sieben Jünglinge und sieben Jungfrauen auszuliefern, die dem Minotaurus, einem Ungeheuer, das halb Stier und halb Mensch ist, geopfert werden. Theseus, in den sich Ariadne verliebt hat, ist entschlossen, seine Heimatstadt endlich von der Macht dieses Ungeheuers zu befreien und sich ins Innere eines Labyrinthes zu begeben, um dort den Minotaurus zu bezwingen. Damit er den Weg zurück aus dem Labyrinth finden kann, steckt ihm Ariadne einen Wollknäuel zu. So gelangt er nach seinem siegreichen Kampf mit dem Minotaurus blutverschmiert zu Ariadne zurück. Aus Liebe flieht diese mit ihm aus Kreta auf die Insel Naxos. Die Beziehung scheitert jedoch wenig später, weil Theseus unbedingt nach Athen zurückzukehren gedenkt und Ariadne dem Gott Dionysos zur Frau versprochen ist, der sie dann auch zu sich holt. Im ersten Teil der Geschichte werden beide jedoch durch den Verbindungsfaden in Beziehung gebracht und gehalten.

Verbindung schaffen ist der Weg

Theseus ist unterwegs ins Zentrum des Labyrinthes, das ein schönes Bild für den eigenen Innenraum darstellt: die Mitte des Selbst. Diese Mitte ist zunächst kein sicherer Ort, sondern gefährlich, weil dort ein Ungeheuer, etwas Ungewisses, haust. Erst wenn der Held dieses überwinden kann, wird der Raum zu einem sicheren Ort. Der Weg ins Innere könnte ihm vielleicht auch ohne Hilfe gelingen, aber durch Ariadnes Vorsicht und Klugheit gelingt es ihm, mithilfe ihres Fadens, den sie an seinem Gewand befestigt hat, den verschlungenen Weg aus dem Labyrinth zu finden.

Dieser Faden ist vergleichbar mit einer Nabelschnur, die den lebenserhaltenden Austausch zwischen Mutter und Kind sicherstellt. Nicht zufällig ist es eine Frau, von der die Verbindung ausgeht. Frauen verfügen offenbar über ein besseres Verbindungswissen als Männer. Diese haben aufgrund ihres oft stärkeren Autonomiebedürfnisses und ihrer oft ausgeprägteren Bindungsangst möglicherweise weniger Gespür für die Gefahren und die Notwendigkeit eines Schutzes. Umgekehrt ahnt Theseus wie viele Männer auch, dass er diesen Verbindungsfaden zum Weiblichen braucht, wenn er zur Mitte seines Selbst vordringen will.

Dieser Faden stellt für viele Menschen heutzutage der Online-Modus dar, durch den sie sich mit anderen verbunden fühlen. Die »digitale Nabelschnur« ist für die meisten Menschen zu einer Bewältigungsform geworden, um die Ungewissheit des Lebens in all seinen Facetten auszuhalten. Wenn diese Form plötzlich wegfiele, würde vermutlich eine kollektive Psychose ausbrechen. So viel Sicherheitsentzug verträgt der Mensch nicht. Es gibt ein Beispiel aus der Geschichte des alten Ägyptens, wo das schon einmal vorgekommen ist: Der Pharao Amenophis IV. verehrte nur einen einzigen Gott, den Sonnengott Aton. Aus diesem Grund gab man ihm den Namen Echnaton. Er ließ alle anderen Götter abschaffen und verbot vor allem deren kultische Verehrung im Tempel. Diese Rituale waren die Kommunikationsform, mit der eine ganze Gesellschaft zusammengehalten wurde. Der rituelle Kult sicherte das Gefühl, mit einem größeren Ganzen verbunden zu sein. Mit dem Wegfall der Riten brach eine kollektive Psychose aus, die dazu führte, dass 14 Jahre später nach dem Tod Echnatons alle alten Götter und Kulte wieder eingeführt und alle Bilder und Erinnerungen an Echnaton vernichtet wurden. So wurde das Gleichgewicht wiederhergestellt und das vertraute Leben konnte weitergehen. An diesem Beispiel sieht man, wie in alten Kulturen das Bedürfnis nach Verbindung mit einem größeren Ganzen über religiöse Praktiken, Riten und Opferhandlungen, also über sinnliche Formen gestillt wurde. Eine abstrakte Geistigkeit, wie sie Echnaton zu eigen war, reichte nicht aus, um die Ungewissheit zu bewältigen.

Das Bedürfnis nach Selbsttranszendierung durch umfassende Kommunikationsformen stillen heute die meisten Menschen über digitale Verbindungen mit dem großen allumfassenden World Wide Web. Es geht dabei also weniger um die Verbindung *zu* etwas als um den Vorgang der

Verbindung selbst, der die Angst vor dem Ungewissen, vor der Isolation, dem Verlust und dem Getrenntsein beruhigen kann.

Verbindung zum eigenen Selbst

Der Weg in die Mitte des Labyrinthes, zu dem Theseus aufbricht, steht für den Weg zum eigenen Innenraum. Diese Selbstbegegnung macht zunächst Angst: Wem könnte ich in mir begegnen? Welche dunklen, unbekannten Seiten gibt es dort? Kann ich aushalten, etwas zu sehen, was zwar schon immer da war, ich aber bisher aus meiner Wahrnehmung ausgeschlossen habe? Welche unbekannten Mitbewohner treffe ich im inneren Raum meines Selbst an? Die Antwort, die der Mythos von Theseus und seinem Weg ins Labyrinth gibt, lässt unsere Angst berechtigt erscheinen: Der Held begegnet einem Ungeheuer, dem Minotaurus, halb Stier halb Mensch! In der Symbolsprache des Mythos wird damit die Angst benannt, wenn man als »Kulturmensch«, der sich für aufgeklärt und zivilisiert hält, in seinem Inneren dem animalischen Teil seines Menschseins begegnet.

Es ist der Menschentypus, den Freud im Auge hatte, als er den Konflikt zwischen den Anforderungen der Kultur und den Notwendigkeiten einer humanen Gesellschaft einerseits und den animalischen Triebwünschen andererseits beschrieb. Diese Triebe, die Neigung zu Hass und Gewalt, die der moderne Mensch als archaisches Erbe in sich trägt, sind leichter zu leugnen und zu verdrängen als wahrzunehmen, sich mit ihnen auseinanderzusetzen und sie letztlich zu zähmen und zu humanisieren. Dafür steht der Kampf, den Theseus mit dem Minotaurus führt. Ob das Ungeheuer zu töten, unbedingt die kreativste Form ist, die Auseinandersetzung mit diesem Teil der eigenen Person zu führen, bleibt dahingestellt. Eine produktivere, weniger aggressive Lösung erzählt eine Variante des christlichen Mythos vom Heiligen Georg, der mit einem Drachen kämpft. Statt ihn zu töten, legt er ihn an die Kette und bändigt ihn, ohne selbst Gewalt anzuwenden. Aber immerhin: Theseus nimmt den Kampf mit seinem eigenen animalischen Teil auf und fühlt sich dabei durch den Faden gesichert, mit dem Ariadne und er verbunden ist.

In der Gestalt des Minotaurus begegnet Theseus aber auch seinen eigenen Verletzungen und seinem Trauma. Er sollte ja eigentlich wie seine Gefährten aus Athen zuvor dem Minotaurus zum Fraß vorgeworfen werden. Und der Minotaurus selbst, der Gefräßige und Aggressive, ist das Ergebnis traumatisierender Beziehungsverhältnisse: Pasiphae, die Frau von König Minos, verliebte sich in den weißen Stier, der Europa übers Meer nach Kreta gebracht hatte. Sie zeugte mit ihm den Minotaurus, der im Dunkel aufwachsen musste und nicht gezeigt werden durfte. Symbolisch steht die Begegnung zwischen Theseus und dem Mischwesen für die Begegnung des Helden mit dem traumatischen Anteil in sich selbst.

Hier gilt, was bereits über die innere Versöhnung mit diesem Trauma gesagt wurde: Sie bildet die Voraussetzung für die Heilung des inneren Raumes. In der Tötung des Minotaurus kann man einen Befreiungsakt sehen: Theseus befreit seinen eigenen inneren Raum von den traumatischen Erfahrungen seines Lebens. Dass er sich daraufhin zunächst auf die Beziehung zu Ariadne einlässt, mag ein Hinweis sein, dass er durch die Selbstbegegnung im Inneren des Labyrinthes soweit gereift ist, dass er sich nun auf die Beziehung zu einer Frau einlassen kann.

Verbindung zwischen Weiblichem und Männlichem

Damit wäre ein weiterer Aspekt dieses Mythos benannt: Der Faden steht für die Verbindung von weiblich und männlich. In genderbewussten Zeiten ist es sicher problematisch, einfach von weiblich und männlich zu sprechen. Sinn macht dies nur mit der Einschränkung, dass weiblich und männlich als Chiffre für psychische Aspekte stehen: Das Weibliche steht dann unabhägig vom realen Geschlechts für die Fähigkeit, Bindung und Verbindung zu halten. Schließlich geht von Ariadne der Impuls aus, Theseus den sichernden Verbindungsfaden mitzugeben.

Theseus repräsentiert das Männliche als Streben nach Autonomie und Eigenständigkeit. Beide seelischen Qualitäten bedürfen der Verbindung, um zu einem vollständigen Menschen zu werden, der sowohl Autonomie und Individualität als auch Verbindung und Abhängigkeit leben kann. Der Faden symbolisiert die Integration beider Anteile in beinah zeitloser Weise. Im Mythos gelingt es ihnen noch nicht, die Früchte der Verbindung zu ernten: Theseus und Ariadne fliehen zwar als werdendes Paar aus ihrer Heimat auf die Insel Naxos, die in einem fremden Land liegt, allerdings fordert dort angekommen der Gott Dionysos, Theseus möge die Beziehung zu Ariadne aufgeben, da Ariadne die für ihn vom Schicksal bestimmte Braut sei. Theseus unterwirft sich dem Ansinnen Dionysos' und trennt sich von Ariadne. In seiner Trauer vergisst er auf der Heimreise das schwarze Segel seines Schiffes gegen ein weißes auszutauschen. Das weiße Segel sollte seinem Vater Ägeus, dem König von Athen, signalisieren, dass der Minotaurus besiegt sei. Als sie sich der Küste Athens nähern, stürzte sich sein Vater beim Anblick des schwarzen Segels in den Tod.

Theseus ist in seiner Entwicklung noch nicht so weit fortgeschritten, dass er schon auf sich hören könnte, stattdessen vertraut er der Stimme Dionysos', der ihn zur Trennung der Verbindung zu Ariadne auffordert. Versteht man die Götter als Projektionen menschlicher Wünsche und Normen, dann wird Thesues Opfer seiner Projektion, was, wie in den meisten mythologischen Geschichten, tragisch endet und eine Warnung für alle Nachfolgenden darstellt: nicht auf die eigenen Projektionen, die »Götter«, zu hören, sondern mehr der eigenen Stimme zu vertrauen. Diese ist immer die Resonanz aus dem Innenraum des eigenen Selbst.

Auf dem Hintergrund des in diesem Essay skizzierten drei- und vierdimensionalen Raumes hat der Verbindungsfaden eine doppelte Bedeutung: Er verweist auf die interpersonale Dimension, denn im Kontakt und Austausch mit Menschen zu stehen erzeugt die Gewissheit sozialer Verbundenheit, wodurch das bedrohlich Ungewisse nicht allzu mächtig wird. Zweitens steht er in der intrapersonalen Dimension für die Verbindung mit dem eigenen Selbst. Darüber hinaus verweist er auf einen transpersonalen Raum, in dem wir unser Ich übersteigen und uns mit einem größeren Ganzen verbunden fühlen. Auch dafür steht Ariadne. Als Frau symbolisiert sie gleichzeitig das ozeanische Gefühl des Verbundenseins mit dem Raum, der jenseits aller menschlichen Verbindung ins Transpersonale verweist. Dass am Ende der Geschichte die Verbindung des Paares endet und Theseus Ariadne verlässt, kann man auch so lesen, dass die interpersonale Verbindung zwischen zwei Menschen nicht der letzte Schritt zur menschlichen Selbsttranszendierung ist.

Die Trennung von Theseus und Ariadne steht der Fantasie eines auf ewig glücklichen und verbundenen Paares entgegen. Jede Liebesbeziehung steht in Gefahr, sich in eine symbiotische Beziehung zurück zu verwandeln. Im Anderen ganz aufzugehen und das eigene Ich dabei zu vergessen, ist eine tiefe Sehnsucht, die den Verlust des Mütterlichen und Paradiesischen ausgleichen soll. Wie viel von dem verlorenen Glück in Paarbeziehungen auch wiedergefunden werden kann, der Glaube, mit dem oder der Anderen auf ewig eins und verbunden zu sein, erweist sich dabei als genauso große Illusion. Es bleibt immer die Aufgabe in einer Paarbeziehungen, zu realisieren, dass der oder die Andere ein von mir selbst getrennter Mensch ist. Das gilt vor allem, wenn der Partner oder die Partnerin durch Trennung oder Tod verloren geht – und dafür steht die Trennung von Theseus und Ariadne. Die Aufgabe besteht darin, sich bewusst zu werden, dass der Partner schon ein eigenes Leben vor der Liebesbeziehung hatte. Das zu vergessen oder gar zu verleugnen wäre das Zeichen einer negativen Symbiose, durch die das Gefühl für die Kontinuität des eigenen Lebens ausgelöscht wird.

Ein Zeichen für einen gelungenen Trauerprozess angesichts des Verlusts eines geliebten Partners ist die Erinnerung daran, dass man schon vor der Paarbeziehung ein eigenes und unabhängiges Leben führen konnte. Das hilft, die Welt neu libidinös zu besetzen und nicht in der symbiotischen Melancholie zu verharren. Theseus und Ariadne gingen nach ihrer Trennung auf ihre jeweils eigene Reise und verließen die Insel, auf der sie gemeinsam angekommen waren. Vielleicht ermöglichte der Abschied auch ein Überschreiten in die transzendente Dimension, um darin eine neue haltende Verbindung zu finden. Dass Ariadne die Frau von Dionysos, dem Gott des Rausches und der Bewusstseinserweiterung, wird, kann man als symbolische Verbindung zum Transbewussten verstehen.

Verbindungen schaffen in der Therapie durch »psychospirituelle Arbeit«

Zum Schluss komme ich noch einmal auf den Vorschlag von Julia Kristeva zurück, dass in therapeutischen Behandlungen auch »psychospirituelle Arbeit« geleistet werden müsse, um das Ungewisse zu bewältigen. Der Begriff klingt vielleicht etwas esoterisch, drückt aber vor dem Hintergrund der in diesem Essay entwickelten Aspekte das polare Bezogensein von personalem und transpersonalem Bewusstsein, von Ich und Selbst, aus. Um den inneren Raum als sicheren Ort zur Verfügung zu haben, bedarf es auf der psychischen Ebene der inneren Versöhnung mit den Verletzungen und Begrenztheiten der eigenen Existenz. In der Regel geht es dabei um die Versöhnung mit den eigenen Eltern und in der Folge um die Akzeptanz der Grundtatsachen des Lebens wie Abhängigkeit, Begrenztheit, Verlust und Sterblichkeit. Die Akzeptanz und die Integration des eigenen Todes bilden die inneren Voraussetzungen, im Leben lebendig zu sein, liebes-, genuss- und arbeitsfähig zu werden und die Welt libidinös zu besetzen.

Die Psychotherapie stellt sicher ein modellhaftes Feld dar, in dem die Auseinandersetzung mit den Ungewissheiten des Lebens und des Todes und deren Integration stattfindet. Es ist Jürgen Grieser (2018) zuzustimmen, dass eine Psychotherapie nur dann zu Lebendigkeit im Leben und Liebesfähigkeit führt, wenn das Ungewisse, der Tod und die Angst vor diesem Thema, bearbeitet werden. Würden sich die Psychotherapie und besonders die Psychoanalyse für diese existenzielle Dimension weiter öffnen, wären sie weniger rein medizinische Behandlungen, wie sie es leider oft sind und was Freud verhindern wollte, sondern häufiger auch innere, spirituelle Entdeckungsreisen (vgl. Spitzer, 2019). Das setzt voraus, dass das Konzept des Unbewussten um die Dimension des Transbewussten erweitert wird, damit auch die Psychotherapie diese Dimension integrieren kann.

Die spirituelle Dimension zur Bewältigung von Ungewissheit entspricht dem Bedürfnis, sich in einem das Personale und Psychische übersteigenden Raum aufgehoben zu fühlen. Dieser »kosmische Narzissmus« (Kohut, 1966), dieses Bedürfnis nach Transzendierung und Verbindung, mit dem das duale Denken überschritten wird und wir in einen Raum des Nicht-Wissens vordringen, wurde früher ohne Zweifel von der Religion abgedeckt. Vielleicht finden viele Menschen, so meine Beobachtung, im religiösen Bereich, vor allem im kirchlich verfassten Christentum, ihre spirituellen Bedürfnisse wenig gesehen und abgedeckt. Sie sind enttäuscht, weil sie mit einer allzu personalen Rede von Gott letztendlich wieder in den Bereich des begrenzten Ich-Bewusstseins zurückverwiesen werden. Ein Experimentalphysiker drückte es einmal so aus: »Nein an Gott glaube ich nicht. Je präziser eine Gottesbeschreibung ist, desto mehr würde ich davon Abstand nehmen. Ich bin aber schon eine spiritueller Mensch« (Simon Strotmann, zit. n Strotmann, 2020, S. 57).

Vermutlich geht es vielen Zeitgenossen so: Die religiöse Rede bedient sich oft einer sehr konkretistischen und weniger symbolischen Sprache und lässt damit dem Geheimnis, der Fantasie und der produktiven Illusion wenig Raum. Sie ist zu personal und damit zu ichhaft, wo sie doch eigentlich das Ich hin zu einem anderen Raum, zum Transpersonalen, erweitern sollte. Dieses Jenseits des Bewusstseins im Sinne des Transbewussten bildet den Raum als sicheren Ort, der in Religionen Gott oder das Göttliche genannt wird. In dem Maße, in dem die institutionalisierte Religion wie das kirchliche Christentum viele ihrer Gläubigen allein lässt in ihren spirituellen Transzendierungsbedürfnissen und diese stattdessen mit einer allzu personalen Rede von Gott konfrontieren, kommt anderen Orten spiritueller Erfahrung mehr und mehr Bedeutung zu.

Man mag als Argument für personal-konkrete Erzählungen vonseiten des Christentums anführen, dass der Mensch als sinnlich wahrnehmendes Ich doch solche konkreten Vorstellungen brauche. Eine Gottesvorstellung, die sich im nondualen Sein, in der Leerheit, auflöse, sei zu blutleer und sinnenarm. Den Konflikt zwischen der personalen und der transpersonalen Sichtweise drückt Karl Jaspers so aus: »Die Religion schilt den Gott der Philosophen als bloße Abstraktion, die Philosophie misstraut den religiösen Gottesbildern als Verführung zu wem auch noch so großartigen Götzen« (Jaspers, 1974, S. 62).

Wie in diesem Essay schon mehrmals erwähnt, liegt eine hilfreiche Einstellung in der verbindenden Balance zwischen der personal-konkreten und der transpersonal-bildlosen Erzählung. Kaum ein Mensch wird vermutlich in der Selbsttranszendierung so weit fortgeschritten sein, dass er nicht auch auf Bilder, Riten und Konzepte von der anderen jenseitigen Wirklichkeit angewiesen wäre. Zumindest zum Beten braucht es der Anrede eines göttlichen Gegenübers, auch wenn man weiß, dass es dieses Gegenüber nicht in der Form gibt, wie wir es uns vorstellen.

Dabei ist der Grundgedanke von Donald W. Winnicott (1974 [1971]) so wichtig: dass nämlich Illusionen nicht einfach einen Irrtum bedeuten, sondern eine basale Fähigkeit des Menschen ausdrücken, die er als Kleinkind gelernt hat, um die Abwesenheit der haltenden Mutter auszuhalten. Niemand würde einem Kind vorhalten, dass der Zipfel der Decke als Symbol für die gerade abwesende Mutter nur etwas Ausgedachtes sei, das keiner Wirklichkeit entspreche. Jeder versteht, dass diese Illusionsbildung eine kreative Lösung des Kindes ist, um mit der zutiefst ungewissen Situation der abwesenden Mutter fertig zu werden.

Solche Illusionen braucht auch der erwachsene Mensch, um sich frei zu fühlen, handeln zu können und nicht von lähmender Angst überflutet zu werden. Und gleichzeitig gehört zu dieser kreativen Grundtönung des Lebens das Wissen, dass zum Beispiel religiöse Vorstellungen vom Göttlichen als Vater, Mutter, Hirte, Beschützerin eben Vorstellungen sind, denen keine konkret-materielle Realität entspricht. Die Theologie hat dies in der sogenannten »negativen Theologie« beschrieben, die besagt, dass man eher sagen könne, was Gott nicht sei, als dass man sagen könne, was er sei. Eine lebendige Glaubensgestalt bewegt sich dazwischen (vgl. Höhn, 2021). Die beiden Pole des Konkret-Personalen und des Transpersonalen sind verschränkt, ohne einen Gegensatz zu bilden. Die Kunst eines bipolaren Glaubens besteht wohl darin, zwischen diesen beiden hin- und herzupendeln: die Gewissheit des Konkreten und Personalen zu suchen und die Anhaftung an sie wieder aufzulösen. Letzteres bedeutet, immer wieder Unsicherheit, Zweifel und Ungewissheit zuzulassen, um neue Antworten zu finden. Kommt diese Dynamik von Finden und Loslassen, von Binden und Auflösen der Bindung zum Erliegen, mutiert Glauben entweder zur fundamentalistischen Zwangsneurose oder zur reinen Fantasietätigkeit.

Mir scheint, dass jedoch in der kirchlichen Predigt das personale Modell und die Bindung an konkretistische Erzählungen und objektivierbare dogmatische Inhalte dominieren. Damit bleibt das spirituelle Transzendierungsbedürfnis unerfüllt. Deshalb werden andere Orte der Selbstbegegnung und Selbsttranszendierung wichtiger wie zum Beispiel verschiedene Bereiche von Kunst und Kultur. Ein anderer Ort ist das weite Feld der Psychotherapie und psychosozialen Arbeit mit ihren vielfältigen Handlungsfeldern. Wer diese Orte aufsucht, spürt in sich meist den Wunsch nach einer heilenden Selbsttranszendierung.

Dieser Wunsch äußert sich oft in dem Bestreben, seinem Leben eine andere und neue Bedeutung zu geben, die über ihn selbst hinaus weist. Dieser übersteigende Sinn kann in einer neuen Perspektive auf das bisherige Leben bestehen, er kann sich in einer veränderten Lebensführung ausdrücken, in der Wertschätzung von Beziehungen und den eigenen Kindern, in Achtsamkeit für sich selbst und die Umwelt, in einer gemeinnützigen

Aufgabe oder in der kreativen Arbeit, etwas Bleibendes zu schaffen. Dies wären Schritte, die zu einem Zugang zu jener Art von Selbsttranszendierung führen und damit in den Bereich des Transbewussten. Deshalb wäre es wünschenswert, wenn sich therapeutische Räume als Orte verstehen könnten, an denen dem Bedürfnis nach Überschreitung ins Transbewusste Raum gegeben wird. Das hat wenig mit ideologischer Aufladung der Psychotherapie zu tun, wie man befürchten könnte, wohl aber viel mit einer ganzheitlich-bipolaren Sicht auf den Menschen. Für den Umgang mit dem Ungewissen wäre die Verortung in beiden Räumen, dem psychischen und dem spirituellen Raum, eine heilsame Erfahrung.

Literatur

Assmann, Jan (2003). *Die mosaische Unterscheidung. Über den Preis des Monotheismus.* München: Hanser.

Assmann, Jan (2018). *Achsenzeit. Eine Archäologie der Moderne.* München: C. H. Beck.

Ausländer, Rose (1986). *Wieder ein Tag aus Glut und Wind. Gedichte 1980–1982.* Frankfurt/M.: S. Fischer.

Baumann, Heinz (1995). *Individualität und Tod. Psychologische und anthropologische Aspekte der Todeserfahrung.* Würzburg: Königshausen & Neumann.

Bauriedl, Thea (1994). *Auch ohne Couch. Psychoanalyse als Beziehungstheorie und ihre Anwendungen.* Stuttgart: Verlag Internationale Psychoanalyse.

Becker, Patrick (2009). *In der Bewusstseinsfalle? Geist und Gehirn in der Diskussion von Theologie, Philosophie und Naturwissenschaften.* Göttingen: Vandenhoeck & Ruprecht.

Berger, Peter L. & Luckmann, Thomas (1969). *Die gesellschaftliche Konstruktion der Wirklichkeit. Eine Theorie der Wissenssoziologie.* Frankfurt/M: S. Fischer.

Bion, Wilfred R. (2006 [1970]). *Aufmerksamkeit und Deutung.* Tübingen: edition diskord.

Bohleber, Werner (2013). Der psychoanalytische Begriff des Unbewussten und seine Entwicklung. *Psyche, 67*(9/10), 807–816.

Damasio, R. Antonio (2002). *Ich fühle, also bin ich. Die Entschlüsselung des Bewusstseins.* München: List Taschenbuch.

DeMause, Lloyd (2000). *Was ist Psychohistorie? Eine Grundlegung.* Gießen: Psychosozial-Verlag.

Erikson, Erik H. (1966). *Identität und Lebenszyklus.* Frankfurt/M.: Suhrkamp.

Freud, Sigmund (1900a). *Die Traumdeutung. GW II/III.*

Freud, Sigmund (1905d). Drei Abhandlungen zur Sexualtheorie. In *GW V*, S. 27–145.

Freud, Sigmund (1916–1917g [1915]). Trauer und Melancholie. In *GW X*, S. 427–446.

Freud, Sigmund (1917a [1916]). Eine Schwierigkeit der Psychoanalyse. In *GW XII*, S. 3–12.

Freud, Sigmund (1920g). Jenseits des Lustprinzips. In *GW XIII*, S. 3–69.

Freud, Sigmund (1923b). Das Ich und das Es. In *GW XIII*, S. 238–289.

Freud, Sigmund (1930a). Das Unbehagen in der Kultur. In *GW XIV*, S. 419–506.
Freud, Sigmund (1933a). *Neue Folge zu Vorlesungen zur Einführung in die Psychoanalyse. GW XV.*
Freud, Sigmund (1939a [1934–1938]). Der Mann Moses und die monotheistische Religion. Drei Abhandlungen. In *GW XVI*. S. 103–246.
Funke, Dieter (1984). *Verkündigung zwischen Tradition und Interaktion.* Frankfurt/M.: Peter Lang.
Funke, Dieter (1986). Vom »Ding« zum Symbol. Religionspsychologische Aspekte zur Bedeutung vorsprachlicher Symbole für die frühe Identitätsentwicklung. *Wege zum Menschen, 38,* 29–44.
Funke, Dieter (2006). *Die Dritte Haut. Psychoanalyse des Wohnens.* Gießen: Psychosozial-Verlag.
Funke, Dieter (2011). *Ich – Eine Illusion? Bewusstseinskonzepte in Psychoanalyse, Mystik und Neurowissenschaften.* Gießen: Psychosozial-Verlag.
Funke, Dieter (2016). *Idealität als Krankheit? Über die Ambivalenz von Idealen in der postreligiösen Gesellschaft.* Gießen: Psychosozial-Verlag.
Funke, Dieter (2019). Das Arbeitsmodell »Verschränkung« in der Psychotherapie. In Eric Pfeifer (Hrsg.), *Natur in Psychotherapiebund Künstlerischer Therapie. Theoretische, methodische und praktische Grundlagen. Bd. 1* (S. 331–353). Gießen: Psychosozial-Verlag.
Funke, Dieter (2019a). *Mit sich vertraut sein.* Norderstedt: Books on Demand.
Funke, Dieter (2020). Utopien und Dystopien als Orte seelischen Rückzugs. *Wort und Antwort, 61*(4), 150–155.
Gebser, Jean (1992). *Ursprung und Gegenwart. Gesamtausgabe. 2 Bde.* Schaffhausen: Novalis.
Görnitz, Thomas & Görnitz, Brigitte (2008). *Die Evolution des Geistigen. Quantenphysik-Bewusstsein-Religion.* Göttingen: Vandenhoeck & Ruprecht.
Grabska, Klaus (2020). Trauma und Transformation. Zur traumatischen Verfassung des Ichs. In Jutta Baumann, Klaus Grabska & Gudrun Wolber (Hrsg.), *Wenn Zeit nicht alle Wunden heilt. Trauma und Transformation* (S. 21–46). Stuttgart: Klett-Cotta.
Grieser, Jürgen (2018). *Der Tod und das Leben. Vergänglichkeit als Chance zur Entwicklung von Lebendigkeit.* Gießen: Psychosozial-Verlag.
Gronemeyer, Marianne (1996). *Das Leben als letzte Gelegenheit: Sicherheitsbedürfnisse und Zeitknappheit.* Darmstadt: Primus.
Grunberger, Béla & Dessuant, Pierre (2000). *Narzissmus, Christentum, Antisemitismus. Eine psychoanalytische Untersuchung.* Stuttgart: Klett-Cotta.
Heidegger, Martin (1993 [1927]). *Sein und Zeit.* Tübingen: Niemeyer.
Höhn, Hans-Joachim (2021). Ohne Gott vor Gott. Corona und die Sprachlosigkeit der Theologie. *Publik-Forum, 1,* 14–15.
Hüther, Gerald & Krens, Inge (2005). *Das Geheimnis der ersten neun Monate. Unsere frühesten Prägungen.* Düsseldorf/Zürich: Walter.
Janus, Ludwig (1997). *Wie die Seele entsteht. Unser psychisches Leben vor und nach der Geburt.* Heidelberg: Mattes.

Janus, Ludwig (2000). *Der Seelenraum des Ungeborenen. Pränatale Psychologie und Therapie.* Düsseldorf/Zürich: Walter.

Jaspers, Karl (1949). *Ursprung und Ziel der Geschichte.* München: Piper.

Jaspers, Karl (1971). *Einführung in die Philosophie.* München: Piper.

Jaspers, Karl (1974). *Der philosophische Glaube.* München: Piper.

Klein, Melanie (2001 [1946]). Bemerkungen über einige schizoide Mechanismen. In dies., *Gesammelte Schriften, Bd.* III (S. 7–41). Stuttgart – Bad Cannstadt: frommann-holzboog.

Klein, Melanie (1983 [1962]). *Das Seelenleben des Kleinkindes und andere Beiträge zur Psychoanalyse.* Stuttgart: Klett-Cotta.

Kohut, Heinz (1966). Formen und Umformungen des Narzissmus. *Psyche, 20*(8), 561–587.

Kohut, Heinz (1973). *Narzissmus. Eine Theorie der psychoanalytischen Behandlung narzisstischer Persönlichkeitsstörungen.* Frankfurt/M.: Suhrkamp.

Kristeva, Julia (2016). *Dieses unglaubliche Bedürfnis zu glauben.* Gießen: Psychosozial-Verlag.

Lorenzer, Alfred (1981). *Das Konzil der Buchhalter. Die Zerstörung der Sinnlichkeit. Eine Religionskritik.* Frankfurt/M.: Europäische Verlagsanstalt.

Lorenzer, Alfred (2002). *Die Sprache, der Sinn, das Unbewusste. Psychoanalytisches Grundverständnis und Neurowissenschaften.* Stuttgart: Klett-Cotta.

Moltmann, Jürgen (2020). *Auferstanden in das ewige Leben. Über das Sterben und Erwachsen einer lebendigen Seele.* Gütersloh: Gütersloher Verlagshaus.

Metzinger, Thomas (2009). *Der Ego-Tunnel. Eine Philosophie des Selbst. Von der Hirnforschung zur Bewusstseinsethik.* Berlin: Berlin Verlag.

Montaigne, Michel de (2005). *Die Essais.* Köln: Anaconda.

Nagel, Thomas (1996 [1970]). *Letzte Fragen.* Bodenheim: Philo.

Neumann, Erich (1974). *Die Große Mutter. Eine Phänomenologie der weiblichen Gestaltungen des Unbewussten.* Olten: Walter.

Nordhofen, Eckhard (2018). *Corpora. Die anarchische Kraft des Monotheismus* (2. Aufl.). Freiburg/Br.: Herder.

Norf, Celia (2020). *Vulnerabilität und Resilienz als Trends der Risikoforschung* [Diss.]. Stuttgart: Universitätsbibliothek der Universität Stuttgart.

Picht, Johannes (2020). Todestrieb und »Todesgedanke«. Zur Auslegung von »Jenseits des Lustprinzips«. *Psyche, 74*(11), 868–894.

Poppensieker, Klaus (2020). Kann das Subjekt bestehen, wenn Erzählungen fehlen? Überlegungen zur Bedeutung sinnstiftender Narrative in der globalisierten Welt. In Jutta Baumann, Klaus Krabska & Gudrun Wolber (Hrsg.), *Wenn Zeit nicht alle Wunden heilt. Trauma und Transformation* (S. 289–302). Stuttgart: Klett-Cotta.

Rank, Otto (1998 [1924]). *Das Trauma der Geburt.* Gießen: Psychosozial-Verlag.

Ricœur, Paul (1998). *Das Rätsel der Vergangenheit. Erinnern – Vergessen – Verzeihen.* Göttingen: Wallstein.

Röbel, Marc (2020). Der ungesicherte Mensch. Das spirituelle Beunruhigungspotential im Existenzdenken Peter Wusts. In Thomas Möllenbeck & Ludger

Schulte (Hrsg.), *Frieden. Spiritualität in verunsicherten Zeiten* (S. 310–333). Münster: Aschendorff.

Rosa, Hartmut (2020). *Unverfügbarkeit*. Wien/Salzburg: Residenz.

Spitzer, Nils (2019). *Ungewissheitsintoleranz und die psychischen Folgen. Behandlungsleitfaden für die Psychotherapie*. Berlin: Springer.

Stein, Herbert (2006). *Quantenphysik, Neurowissenschaften und die Zukunft der Psychoanalyse. Auf dem Weg zu einem neuen Menschenbild*. Gießen: Psychosozial-Verlag.

Strauß, Bernhard (Hrsg.). (2008). *Bindung und Psychopathologie*. Stuttgart: Klett-Cotta.

Strotmann, Anne (2020). Das Universum ist in mir drin. *Publik-Forum*, (24), 57.

Suzuki, Shunryu (2007 [1970]). *Zen-Geist/Anfänger-Geist*. Bielefeld: Theseus.

Tugendhat, Ernst (2006). *Über den Tod*. Frankfurt/M.: Suhrkamp.

Uhl, Anton (2000). *Das Unbehagen in der Kultur und die Suche nach dem neuen Bewusstsein*. Norderstedt: Books on Demand.

Vattimo, Gianni (1997). *Glauben – Philosophieren*. Stuttgart: Reclam.

Weischede, Gerald & Zwiebel, Ralf (2009). *Neurose und Erleuchtung. Anfängergeist in Zen und Psychoanalyse. Ein Dialog*. Stuttgart: Klett-Cotta.

Weiss, Heinz (2013). Unbewusste Phantasien als strukturierende Prinzipien und Organisatoren des psychischen Lebens. *Psyche, 67*, 903–930.

Whitebook, Joel (2014). »Imagine«. Zur Verteidigung des Säkularismus der Psychoanalyse. *Psyche, 68*(12), 1167–1195.

Whitebook, Joel (2018). *Freud. Sein Leben und Denken*. Stuttgart: Klett-Cotta.

Widmer, Peter (2016). *Die traumatische Verfasssung des Subjekts II. Unfassbare Zeitlichkeit*. Wien: Turia + Kant.

Wilber, Ken (1991). *Wege zum Selbst. Östliche und westliche Ansätze zu persönlichem Wachstum*. München: Goldmann.

Winnicott, Donald W. (1984 [1965]). *Reifungsprozesse und fördernde Umwelt*. Frankfurt/M.: S. Fischer.

Winnicott, Donald W. (1974 [1971]). *Vom Spiel zur Kreativität*. Stuttgart: Klett-Cotta.

Wittkowski, Joachim & Strenge, Hans (2011). *Warum der Tod kein Sterben kennt. Neue Einsichten zu unserer Lebenszeit*. Darmstadt: Wissenschaftliche Buchgesellschaft.

Wittwer, Héctor (2009). *Philosophie des Todes*. Stuttgart: Reclam.

Wust, Peter (2019 [1937]). *Ungewissheit und Wagnis* (5. Aufl.). Münster: LIT.

Yalom, Irvin D. (2010). *In die Sonne schauen. Wie man die Angst vor dem Tod überwindet*. München: btb.

Zwiebel, Ralf (2019). *Die innere Couch. Psychoanalytisches Denken in Klinik und Kultur*. Gießen: Psychosozial-Verlag.

Zwiebel, Ralf & Weischede, Gerald (2015). *Buddha und Freud. Präsenz und Einsicht. Über buddhistisches und psychoanalytisches Denken*. Göttingen: Vandenhoeck & Ruprecht.

Psychosozial-Verlag

Dieter Funke

Idealität als Krankheit?

Über die Ambivalenz
von Idealen in der postreligiösen Gesellschaft

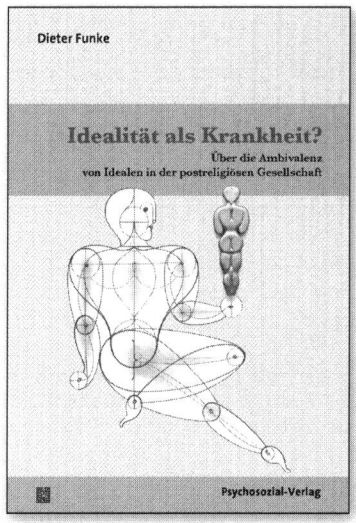

2016 · 196 Seiten · Broschur
ISBN 978-3-8379-2560-9

Wie viel Idealität verträgt der Mensch? Die Dosis macht das Gift …

Unsere Gesellschaft erzeugt verpflichtende Ideale, die die Verbindung zu ihrem Gegenpol verloren haben und in dieser Einseitigkeit zu Dauermobilisierung und Erschöpfung führen. Selbstoptimierungsstrategien und öffentlich geforderte Tugenden wie Transparenz und Erreichbarkeit haben längst religionsähnliche Formen angenommen, und auch Therapeutinnen und Therapeuten können sich dem Druck kollektiver Ideale nicht entziehen. Doch führt das Streben nach Idealität zwangsläufig zu Krankheit, wie viele SozialwissenschaftlerInnen und PsychoanalytikerInnen vermuten?

Dieter Funke untersucht die unserer Gesellschaft zugrunde liegenden Ideale und stellt einen Zusammenhang zu Krankheiten wie Depression und Persönlichkeitsstörungen her. Indem er eine relational fundierte Theorie des Ich-Ideals entwickelt, schafft er ein Instrumentarium, mittels dessen er sowohl den destruktiven als auch den konstruktiven Einfluss von Idealen und damit auch ihr entwicklungsförderndes Potenzial aufdeckt.

Walltorstr. 10 · 35390 Gießen · Tel. 0641-969978-18 · Fax 0641-969978-19
bestellung@psychosozial-verlag.de · www.psychosozial-verlag.de

Psychosozial-Verlag

Steven Taylor

Die Pandemie als psychologische Herausforderung

Ansätze für ein psychosoziales Krisenmanagement

2020 · 185 Seiten · Broschur
ISBN 978-3-8379-3035-1

»Eine wertvolle Grundlage für politische Entscheidungsträger.«
Dean McKay

»Ein umfassender Überblick über die psychologischen Zusammenhänge und Folgen von Pandemien.«
Bunmi O. Olatunji

Schon lange vor dem neuartigen Coronavirus wurden Szenarien für die Bekämpfung von Pandemien entworfen. Psychologischen Faktoren und emotionalen Belastungen wurde dabei bemerkenswert wenig Aufmerksamkeit zuteil. Mit der Zielsetzung, diese psychosoziale Dimension stärker zu beleuchten, erschien im Herbst 2019 die englischsprachige Originalausgabe dieses Buches – nur wenige Wochen vor dem Ausbruch von COVID-19 im chinesischen Wuhan.

Auf der Grundlage der wissenschaftlichen Literatur zu früheren Pandemien untersucht Steven Taylor die psychologischen Folgen von Pandemien und ihrer Bekämpfung. Er verdeutlicht, dass die Psychologie bei der (Nicht-)Einhaltung von Abstandsregelungen und Hygieneempfehlungen sowie beim Umgang mit der pandemischen Bedrohung und den damit verbundenen Einschränkungen eine wichtige Rolle spielt. Anhand zahlreicher Fallberichte erörtert er die vielfältigen Reaktionen: weitverbreitete Ängste vor Ansteckung und wirtschaftlichem Ruin, Panikkäufe, Verschwörungstheorien, Rassismus, unangepasstes Verhalten sowie Abwehrreaktionen, aber auch die Zunahme von Altruismus.

Walltorstr. 10 · 35390 Gießen · Tel. 0641-969978-18 · Fax 0641-969978-19
bestellung@psychosozial-verlag.de · www.psychosozial-verlag.de